Krankheiten
& Schädlinge

besser gärtnern

Krankheiten & Schädlinge

Andrew Halstead und Béatrice Henricot

DORLING KINDERSLEY

DORLING KINDERSLEY

London, New York, Melbourne, München und Delhi

CHEFLEKTORAT Esther Ripley
LEKTORAT Helen Fewster
PROJEKTBETREUUNG Emma Callery

BILDREDAKTION Alison Donovan, Alison Shackleton
BILDRECHERCHE Ria Jones, Frances Vargo
HERSTELLUNG Kavita Varma, Tony Phipps

Für die deutsche Ausgabe:
PROGRAMMLEITUNG Monika Schlitzer
PROJEKTBETREUUNG Regina Franke, Manuela Stern
HERSTELLUNGSLEITUNG Dorothee Whittaker
HERSTELLUNG Anna Strommer
COVERGESTALTUNG Anna Strommer

Bibliografische Information Der Deutschen Bibliothek
Die Deutsche Bibliothek verzeichnet diese Publikation in der
Deutschen Nationalbibliografie;
detaillierte bibliografische Daten sind im Internet über
http://dnb.ddb.de abrufbar.

Titel der englischen Originalausgabe:
Pests and Diseases

ÜBERSETZUNG Agnes Pahler
LEKTORAT Sabine Drobik

ISBN 978-3-8310-1782-9

Printed and bound in Singapore by Star Standard Industries Pte Ltd,
Singapore

Besuchen Sie uns im Internet
www.dorlingkindersley.de

Hinweis
Die Informationen und Ratschläge in diesem Buch sind von den
Autoren und vom Verlag sorgfältig erwogen und geprüft, dennoch
kann eine Garantie nicht übernommen werden.
Eine Haftung der Autoren bzw. des Verlags und seiner Beauftragten
für Personen-, Sach- und Vermögensschäden ist ausgeschlossen.

Inhalt

**Andrew Halstead und
Béatrice Henricot**
Andrew Halstead ist der führende Entomologe,
Béatrice Henricot die führende Pflanzenpathologin
der Royal Horticultural Society. Beide verfügen
über langjährige Erfahrungen im Umgang mit
Krankheiten und Schädlingen an Gartenpflanzen.

Ein gesunder Garten

Das Wachstum von Pflanzen kann durch vielerlei Faktoren beeinträchtigt werden: durch Krankheiten und Schädlinge, Nährstoffmangel sowie Stress aufgrund ungünstiger Standortbedingungen. Gut gepflegte Pflanzen fallen im Allgemeinen seltener Krankheiten und Schädlingen zum Opfer und durch die Wahl von resistenten Sorten und robusten Pflanzen beugt man Problemen vor. Setzen Sie daher für den Boden und den Standort im Garten geeignete Pflanzen und sorgen Sie für reichlich Wasser – ansonsten sind die Gewächse dauerhaft geschwächt und können absterben. Eine gute Kulturführung verhindert, dass sich Plagen auf Dauer festsetzen.

Gärtnern mit gesunden Pflanzen

Eine große Palette von Pflanzen setzt die Anfälligkeit für Krankheiten und Schädlinge herab. Dort, wo viele Individuen einer Sorten gedeihen, breiten sich Krankheitserreger und Schädlinge rasch aus und verursachen schwere Schäden.

Bilder im Uhrzeigersinn von links

Obstbäume An Obstbäumen und Beerensträuchern können mit den Jahren Krankheiten und Schädlinge zunehmen. Achten Sie auf Blattläuse, Mehltau und Virosen. Hängen Sie einen Meisenkasten auf, denn die Vögel sammeln täglich Hunderte von Raupen auf, während sie die Nestlinge füttern.

Blumenbeet Eine Rabatte mit Stauden, Zwiebelblumen sowie einjährigen Sommerblumen sieht fast das ganze Jahr über gut aus. Blüten vom Frühjahr bis zum Herbst liefern Nektar und Pollen für Bienen und Schmetterlinge. Honig- und Wildbienen sind wichtige Bestäuber, etwa für Obstgehölze.

Gemüsegarten Setzt man ein paar Zierpflanzen wie Studenten- und Ringelblumen zwischen das Gemüse, werden Nützlinge wie Schwebfliegen angelockt. Sie vertilgen Blattläuse an Bohnen und anderen anfälligen Kulturen. Fruchtwechsel verhindert, dass sich arttypische Krankheiten und Schädlinge ausbreiten, vor allem wenn sie im Boden überdauern.

Teich Pflanzen im und am Teich leiden kaum unter bestimmten Krankheiten und Schädlingen. Wasser bietet einen wertvollen Lebensraum für Frösche, Kröten und Molche, die alle dazu beitragen, Schnecken und Schadinsekten in Schach zu halten.

Hohes Gras An Stelle eines regelmäßig gemähten Rasens könnte man ein Stück als hoch wachsende Wiese belassen. Heimische Wiesenblumen bieten Unterschlupf und Nahrung (Pollen, Nektar, Samen) für Insekten, Vögel und anderes Getier.

Die richtige Pflanze am richtigen Platz

Pflanzen stellen unterschiedliche Ansprüche an die Wachstumsbedingungen. Berücksichtigen Sie vor dem Bepflanzen eines Grundstücks den Bodentyp, die Wasserführung, die Lichtverhältnisse und die Situation im Winter. Pflanzen, die an die vorhandenen Bedingungen angepasst sind – oder sie tolerieren – erkranken seltener.

Bilder im Uhrzeigersinn von links

Sonniger Garten Weil viel Sonne den meisten Gartenpflanzen zusagt, steht uns in einem solchen Garten eine Vielzahl an Nutz- und Zierpflanzen zur Verfügung. Ein sonniges Grundstück kann aber auch trocken sein, vor allem auf sandigem Boden. Dann sollte man trockenheitsverträgliche Arten wählen, damit nicht ständig gegossen werden muss. Eine Mulchauflage, etwa aus Kompost oder anderem organischem Material, hält die Feuchtigkeit ganzjährig im Boden zurück.

Schattiger Standort Gebäude, hohe Zäune, Mauern, Hecken oder Bäume werfen Schatten. Bäume und Hecken entziehen außerdem einen Großteil des Wassers und der Nährstoffe. Für solche Plätze eignen sich am besten Zwiebelblumen, die im Frühjahr blühen, Farne und typische Waldpflanzen. Lichtbedürftige Pflanzen entwickeln dagegen im dichten Schatten nur lange Triebe.

Saurer oder alkalischer Boden Einige Pflanzen, wie Erika, Rhododendren (einschließlich Japanischer Azaleen) und andere Moorbeetgewächse, brauchen einen sauren Boden mit einem pH-Wert unter 6 *(siehe S. 14)*.
Auf alkalischen oder kalkhaltigen Böden bekommen sie gelbe Blätter und sterben häufig sogar ab. Weil die Mehrzahl der Pflanzen schwach saure bis neutrale Bedingungen bevorzugt, stehen für alkalische Verhältnisse weniger Arten zur Verfügung.

Exponierte Küstenstandorte Gärten an der Küste sind starken Winden ausgesetzt, salzige Gischt kann die Pflanzen schädigen. Um bessere Bedingungen zu schaffen, ist häufig das Anpflanzen einer Windschutzhecke aus robusten Gehölzen erforderlich. Gärten in Meeresnähe haben aber ein vergleichsweise mildes Klima, man kann hier empfindlichere Pflanzen ganzjährig im Freien ziehen.

Pflanzen auswählen

In Bezug auf ihre Anfälligkeit für Krankheiten und Schädlinge sind Gartenpflanzen sehr verschieden. Gesunde, kräftige Pflanzen sind weniger anfällig. Manche Sorten wurden im Hinblick auf die Resistenz gegen Schaderreger ausgelesen.

Bilder im Uhrzeigersinn von links

Resistente Sorten Rosen leiden häufig unter Schwächekrankheiten wie Echtem Mehltau, Sternrußtau oder Rost. Diese Erreger verlangen den häufigen Einsatz von Fungiziden während der Wachstumszeit. Doch es gibt Züchtungen, die für diese Krankheiten nicht oder wenig anfällig sind. Auch von anderen Nutz- und Zierpflanzen gibt es resistente Auslesen. Es lohnt sich, in den Angebotslisten danach zu suchen.

Spezialisierte Gärtnerei Pflanzen in einem Spezialbetrieb sind vielleicht teurer als im Gartenmarkt, doch oft weisen sie eine bessere Qualität auf. Der Gärtner mit Fachwissen kann außerdem eine gute Beratung zur Pflege und zur Kultur bieten.

Prämierte Sorten In Sichtungsgärten werden Neuzüchtungen weltweit getestet und bewertet. Die besten Sorten erhalten Prämierungen wie die All American Selections oder die Fleuroselect-Medaillen. Die Royal Horticultural Society in Großbritannien vergibt den Award of Garden Merit (AGM) an besonders gute Gartensorten von Obst, Gemüse und Zierpflanzen. Bei der Bewertung spielt die Vitalität der Pflanzen und ihre Widerstandsfähigkeit gegen Krankheiten und Schädlinge eine wesentliche Rolle. Ausgezeichnete Züchtungen werden in den Katalogen mit einem Pokal (♆) gekennzeichnet. Wer sich an den Bewertungen orientiert, hat eine Gewähr für hochwertige Pflanzen.

Gesunde Pflanzen kaufen Schauen Sie die Pflanzen vor dem Kauf genau an. Wählen Sie nur jene, die gesund aussehen und eine gute Wuchsform zeigen. Nehmen Sie keine Pflanzen mit vergilbten oder welken Blättern bzw. zu lang gewachsenen Trieben. Dichte Moospolster und Unkraut auf der Oberfläche zeigen an, dass die Pflanze schon lange auf dem Verkaufstisch steht. Achten Sie auf Anzeichen von Krankheiten und Schädlingen – nehmen Sie sie nicht mit nach Hause.

Das Gleichgewicht der Nährstoffe

Ein guter Boden liefert Wasser, Luft und Nährstoffe für ein gesundes Pflanzenwachstum. Nicht alle Böden eignen sich ideal für jede Kultur, doch man kann sie verbessern. Wählen Sie geeignete Pflanzen aus und bestimmen Sie zunächst den Bodentyp Ihres Gartens.

Was ist Erde? Sie entsteht aus der Verwitterung von Gestein. Mineralische Bestandteile machen etwa die Hälfte des Bodenvolumens aus, der Rest sind lebende Bodenorganismen, verrottete organische Stoffe (Humus) und Poren für Luft und Wasser. Böden werden charakterisiert nach ihren Anteilen der Kornfraktionen Sand, Schluff und Ton sowie nach dem pH-Wert. Löss ist ein ziemlich idealer Boden, der Sand, Schluff und Ton zu etwa gleichen Teilen aufweist. Der Boden bildet für die Pflanze die Quelle für mineralische Nährstoffe. Hohe Mengen werden von Stickstoff, Phosphor und Kalium benötigt (abgekürzt NPK). Weitere wichtige Nährstoffe sind Kalzium, Schwefel, Eisen und Bor. Düngemittel ergänzen den Nährstoffbedarf.

pH-Wert ermitteln

Mit einem pH-Wert-Tester ermittelt man den Säuregehalt im Boden. Ein saurer Boden hat einen pH-Wert unter 7, oberhalb 7 ist der Boden alkalisch. Der pH-Wert wirkt sich auf die Verfügbarkeit von Nährstoffen für die Pflanzen aus. Viele Zierpflanzen gedeihen am besten bei einem pH-Wert um 7, für die meisten Gemüse-Arten eignet sich ein pH-Wert von 6–6,5 (Kohlgewächse lieben eher 7,5). Kalkfliehende Pflanzen brauchen pH-Werte zwischen 5 und 6.

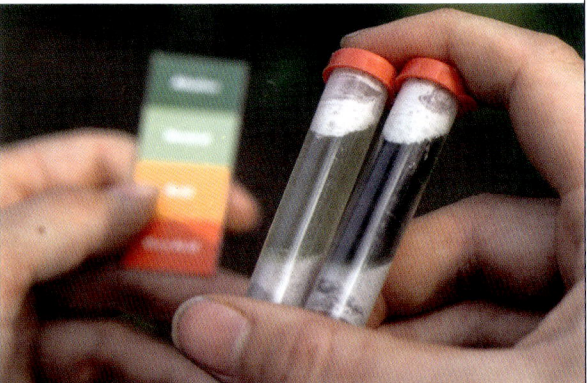

Sets mit chemischen pH-Testern erhält man in Baumärkten und Gartencentern. Der pH-Wert ist anhand einer Farbskala zu ermitteln.

Sandboden Ein Sandboden enthält viele relativ grobe Teilchen. Er wird leicht bröselig und fällt auseinander, wenn man ihn in der Hand zu einer Kugel formen will. Die Bearbeitung gestaltet sich leicht, der Boden wärmt sich im Frühjahr schnell auf, trocknet aber rasch aus. Nährstoffe und Mineralien werden leicht ausgewaschen. Durch Zufuhr von organischer Substanz verbessert man die Wasserhaltefähigkeit, die Fruchtbarkeit und die Struktur.

Lehmboden Ein lehmiger Boden klebt und schmiert bei Nässe. Eine Handvoll feuchten Bodens lässt sich zu einer Kugel kneten, die ihre Form behält. Dieser Boden trocknet nicht so leicht aus, und falls doch, bekommt er eine harte Kruste und wird rissig. Im Allgemeinen hat Lehmboden einen hohen Nährstoffgehalt, doch wird er leicht übersättigt mit Wasser. Dann faulen die Wurzeln. Die Zufuhr organischer Substanz verbessert die Eigenschaften.

Symptome von Nährstoffmangel

Stickstoffmangel Blätter sind aufgehellt und klein, z.T. gelb oder rot verfärbt, die Pflanze wächst langsam. Anfällig sind intensiv genutzte Böden oder Erden mit niedrigem Anteil organischer Substanz. Auflagen aus nicht verrotteter organischer Substanz verbrauchen Stickstoff.

Phosphormangel Als Folge bilden sich weniger Blüten und Früchte, die Pflanze wächst allgemein schlecht. Die Blätter verfärben sich violett, bleiben klein und fallen früh ab. Phosphormangel tritt häufig auf sauren Böden auf, nach starkem Regen oder nach ausgiebigem Gießen.

Kaliummangel Blätter vertrocknen und rollen sich ein, es gibt häufig weniger Blüten und Früchte. Unter einem Mangel leiden Kulturen mit hohem Kaliumbedarf wie Tomaten, Bohnen und Obst. Kaliummangel kommt häufig auf sandigen, sehr torfhaltigen oder kalkhaltigen Böden vor.

Kalziummangel Er tritt oft auf sauren Böden auf oder wenn unangemessen gegossen wird, was eine Kalziumaufnahme durch die Pflanze verhindert. Es kann an Tomaten zur Blütenendfäule kommen, an Äpfeln entsteht die Bitterfäule mit dunklen Flecken unter der Schale.

Eisenmangel Zwischen den Adern vergilbt das Blatt, deutlicher zu sehen an jüngeren Blättern. In schweren Fällen wirkt das Blatt weiß, Blattränder und -spitzen vertrocknen. Die Symptome treten häufig zusammen mit Manganmangel auf, z. B. an säureliebenden Pflanzen in alkalischem Boden.

Magnesiummangel Ältere Blätter vergilben zwischen den Blattadern, oft entstehen braune Stellen (Nekrosen). Das Laub kann welken und abfallen. Magnesiummangel tritt oft auf sandigen Böden bei Nässe auf. Bei zu hohen Kaliumgehalten ist Magnesium weniger gut verfügbar.

Den Boden pflegen

Schwierige Böden lassen sich auf vielfältige Weise verbessern. Düngemittel liefern Nährstoffe in hoher Konzentration, doch sie haben kaum Einfluss auf die Bodenstruktur. Bodenverbesserer wie verrotteter Mist oder Kompost enthalten geringere Nährstoffmengen, wirken sich aber günstig auf den Boden aus.

Organische Substanz untergraben

Mist wirkt sich günstig auf schwere wie auf leichte Böden aus. Er muss mindestens ein Jahr lang ablagern, da er noch Ammoniak freisetzt, das junge oder empfindliche Pflanzen verätzen kann. Man gräbt Mist im Herbst unter.

Pflanzenabfälle wie Kompost oder kompostierte Rinde verbessern die Bodenstruktur und erhöhen die Fruchtbarkeit. Pilzsubstrat ergibt ein gutes Verbesserungsmittel für den Boden. Da es Kalk enthält, darf man es nicht um kalkfliehende Pflanzen ausbringen. Lauberde verbessert hervorragend die Bodenstruktur, enthält aber wenig Nährstoffe.

Gründünger eignen sich bestens für brachliegende Flächen. Die ausgesäten Pflanzen bedecken den Boden und unterdrücken dadurch Unkraut, außerdem halten sie Nährstoffe fest und verhindern die Auswaschung. Wird die Fläche wieder bestellt, gräbt man den Gründünger unter, die verrottenden Pflanzen setzen Nährstoffe frei.

Mulchen

Unter Mulch versteht man eine Bedeckung mit organischen oder anorganischen Materialien. Sie unterdrückt das Aufkommen von Unkraut, hält die Feuchtigkeit im Boden und gleicht die Bodentemperatur aus.

Organischer Mulch wie Kompost, Mist, Laubmull und Rinde spielt die wichtigste Rolle in der Bodenpflege. Diese Materialien führen organische Substanz zu, im Gegensatz zu anorganischen Bedeckungen wie Kunststoff-Folien, Splitt oder Kies und Glasbrocken.

Organischer Mulch zersetzt sich völlig unter dem Einfluss der Bodenorganismen. Dazu zählen Regenwürmer und Bodenpilze. Folglich werden die Bodenstruktur und die Verfügbarkeit der Nährstoffe verbessert.

Vor dem Aufbringen von Mulch muss der Boden feucht und warm sein. Die Schicht sollte gleichmäßig dick aufliegen. Die Bodenstruktur lässt sich schon mit einer 1 cm dicken Schicht verbessern, doch um Unkraut zu unterdrücken, benötigt man eine Dicke von 8–10 cm. Mulch sollte niemals die Äste oder Stämme von Gehölzen berühren.

Kompost bereiten

Natürlich vorkommende Organismen bauen in einem biochemischen Prozess organische Abfälle in ein stabiles, erdähnliches Endprodukt um. Beim Kompostieren werden Abfälle aus Küche und Garten verwertet, um auf umweltfreundliche Weise organische Substanz zu gewinnen. Man kann mit Kompost den Boden verbessern, dessen Wasserhaltefähigkeit erhöhen und das Pflanzenwachstum fördern. Kompostieren ist eine Art Recycling, die Abfallmenge wird dadurch verringert.

Die beteiligten Mikroorganismen brauchen Luft, Feuchtigkeit und Stickstoff, um wirkungsvoll zu arbeiten. Luft sollte daher von den Seiten und vom Grund der Kompoststelle eindringen können. Sieht der Komposthaufen aus, als würde er austrocknen, übergießt man ihn mit Wasser. Feucht halten kann man ihn durch eine Abdeckung mit Säcken, einem alten Teppich oder mit Folie.

Am besten legt man einen Kompostplatz an einer geschützten, schattigen Stelle an. Es gibt viele verschiedene Formen von Kompostlegen, die man kaufen oder selbst bauen kann. Für ein gutes Ergebnis sollen sie etwa 1,20 m hoch sein, wobei die Breite viel mehr betragen kann. Sobald das kompostierte Material dunkel und krümelig aussieht, kann man es verwenden.

Küchenabfälle Abfälle aus Küche und Garten ergeben einen guten Kompost, sofern die Materialien gut gemischt werden. Im Idealfall besteht der Kompost zu einem Drittel aus weichem grünem, saftigem Material (Rasenschnitt, Putzabfälle von Gemüse) und zu zwei Dritteln aus festem braunem Material (Zweige, Stroh, Papier).

Kompostwürmer Im Gegensatz zu den Regenwürmern sind sie gestreift und leben in verrottender organischer Substanz. Mindestens hundert Würmer werden benötigt, um den Rottevorgang in einer Tonne zu starten. Am besten arbeiten sie bei 18–25 °C in feuchtem, doch nicht nassem Kompost. Die Tonnen brauchen eine gute Belüftung.

Hygiene im Garten

Gesunde Pflanzen wehren Krankheiten und Schädlinge besser ab. Frisch
gepflanzte oder vermehrte Pflanzen
sind besonders gefährdet.

Blätter zusammenrechen Falllaub sollte man im
Herbst aufsammeln und Lauberde daraus bereiten. Doch
erkrankte Blätter muss man aus dem Garten entfernen.
Unter liegen gebliebenen Blättern überdauern bakterielle
und pilzliche Krankheitserreger.

Vorsorglicher Schutz für Ihre Pflanzen

Ernsthaft betriebene Hygiene im Garten verhindert die Ausbreitung von Krankheiten und Schädlingen. Desinfizieren von Töpfen, indem man sie in eine geeignete Lösung taucht, trägt dazu bei, Infektionen durch Pilzkrankheiten zu vermeiden. Damit Pflanzen gesund heranwachsen, sät man zur richtigen Zeit und versorgt junge Pflanzen mit genug Wasser, denn Wassermangel ist der häufigste Grund, warum neue Pflanzen nicht anwachsen. Schnittwerkzeuge sollte man nach Gebrauch immer gut abwischen. Viele Krankheitserreger und Schädlinge überwintern auf abgefallenen Pflanzenteilen. Wer diese entfernt, unterstützt ein gesundes Wachstum im folgenden Frühjahr.

Desinfizieren Wer zuerst erkrankte und danach gesunde Pflanzen schneidet, überträgt Erreger, sofern das Werkzeug nicht desinfiziert wird. Auch Töpfe, Schalen und Arbeitsoberflächen sollte man mit einem Desinfektionsmittel abwaschen.

Düngen Meist wird im Frühling oder Frühsommer gedüngt, wenn die Pflanzen rasch wachsen. Organische Düngemittel setzen zahlreiche Nährstoffe frei, während mineralische oder industriell hergestellte Dünger exakte Mengen an Stickstoff, Phosphor und Kalium (NPK) liefern.

Gießen Genug Wasser ist in den entscheidenden Phasen der Pflanzenentwicklung nötig, dann wenn sich Sämlinge, Blüten und Früchte entwickeln. Um Verdunstung zu vermeiden, gießt man am Abend. Man wässert den Grund der Pflanze und benetzt möglichst nicht die Blätter.

Jäten Unkraut konkurriert mit Zier- und Nutzpflanzen um Nährstoffe, Wasser und Licht. Sie sind außerdem ein Sammelbecken für manche Krankheiten und Schädlinge (z. B. Virosen). Man sollte Unkraut entfernen, bevor es Samen angesetzt hat.

Der Gesundheit zuliebe schneiden

Allein schon das Ausschneiden kann das Ausbrechen von Krankheiten und in gewissem Maß die Ausbreitung von Schädlingen verhindern. Manchmal muss man schneiden, um befallenes oder erkranktes Gewebe zu entfernen.

Wozu schneiden?

Man schneidet eine Pflanze, um sie in einer bestimmten Größe und Form zu halten, um weit herausragende Triebe zu bändigen, Gabelungen zu vermeiden, um zu verhindern, dass Äste aneinander reiben und um kranke oder beschädigte Teile zu entfernen. Ebenso werden dünne oder sich kreuzende Zweige aus dem Kroneninneren weggeschnitten. Dadurch lichtet sich der Gesamtaufbau, mehr Licht und Luft dringt in die Krone ein.

Der Hobbygärtner sollte nur schneiden, was er vom Boden aus erreichen kann. Bei hohen Gehölzen muss ein Fachbetrieb tätig werden, der mit Spezialgeräten anrückt.

Altes und krankes Holz entfernen Sterben Äste aufgrund einer Erkrankung im Holz ab (wie Obstbaumkrebs, Rotpustelkrankheit, Bleiglanz), lässt sich der Krankheitsherd durch beherztes rechtzeitiges Ausschneiden womöglich entfernen. Man verhindert dadurch Neuinfektionen.

Scheuerstellen Reiben sich kreuzende Äste aneinander, wird die Borke beschädigt, es entstehen Eintrittspforten für Krankheitserreger wie holzzerstörende Pilze. Schneiden Sie solche Äste aus und tragen Sie bei einem Schnitt während der Ruhezeit ein Wundverschlussmittel auf.

Dichter, dünner Wuchs Ein Auslichtungsschnitt sorgt für eine bessere Durchlüftung und verringert die Gefahr durch anfliegende pilzliche Krankheitserreger. Bei Blütensträuchern sollte man jedes Jahr ohnehin ein Drittel der Triebe entfernen, um den Neuaustrieb anzuregen.

Richtig schneiden

Äste entfernt man durch einen Schnitt mit sauberem, scharfem Werkzeug. An rauen oder ausgefransten Schnittstellen entwickeln sich leicht Krankheiten. Hochwertige Gartenscheren eignen sich für Zweige bis zu Bleistiftstärke, für dickere Äste verwendet man besser Astscheren oder Baumsägen. Sie sollen das Holz glatt und sauber durchschneiden. Scheren mit Teleskopgriffen eignen sich dazu, hoch stehende Äste zu erreichen, Kettensägen verwendet man für besonders dicke Äste. Der Hobbygärtner sollte sie jedoch möglichst nicht benutzen.

Tragen Sie beim Gehölzschnitt immer Handschuhe und entfernen Sie krankes Material aus dem Garten. Schneiden Sie immer knapp oberhalb einer Knospe, die wieder neu austreiben kann, und vermeiden Sie Verletzungen des Stammes.

Früher hatte man grundsätzlich empfohlen, alle frischen Schnittstellen mit Wundverschlussmittel einzustreichen. Inzwischen sieht man dieses Vorgehen etwas kritischer, man nimmt an, dass sich dadurch die Heilung eher verlangsamt. Der Schutz bietet sich jedoch bei Schnitten während der Ruhezeit an.

Äste am Ansatz entfernen Schneiden Sie Äste nicht direkt am Stamm ab, dies behindert die Überwallung der Wunde. Schneiden Sie am äußeren Rand der leicht angeschwollenen Zone mit rauer Rinde an der Verzweigung, dem Astring.

Erkrankte Triebe wegnehmen Sobald sich Symptome zeigen, sollte man ausschneiden – und nicht erst auf die Schnittsaison warten. Schneiden Sie weit unterhalb des erkrankten Holzes, das man an den Verfärbungen unter der Borke erkennen kann.

Schräg nach außen schneiden Setzen Sie mit dem Schnitt immer oberhalb einer kräftigen Knospe oder eines gesunden Seitentriebes an, die nach außen zeigen sollen, um die Pflanzenmitte offen zu halten. Schneidet man zu nah an der Knospe, stirbt sie ab.

Anbau von Gemüse

Ein drei- oder vierjähriger Fruchtwechsel im Garten verhindert die Ausbreitung von Krankheiten und Schädlingen, ganz ohne den Gebrauch von Pestiziden.

Mischkultur Verschiedene Pflanzen, die in Nachbarschaft wachsen, können sich günstig beeinflussen. Beispielsweise locken gelbe oder orangefarbene Blüten Insekten an, die wiederum Schädlinge abwehren, welche es auf die Kulturen nebenan abgesehen haben.

Dreijährige Fruchtfolge

Bei diesem verbreiteten System wird die Fläche in drei Bereiche unterteilt. Jedes Jahr gedeiht eine andere Kultur in einem Bereich, sodass immer eine zweijährige Lücke zwischen dem Anbau derselben Kultur bleibt.

Verwandte Pflanzen haben ähnliche Ansprüche (als Schwach-, Mittelstark- oder Starkzehrer) und sind oft von denselben Schaderregern betroffen. Ein Fruchtwechsel beugt einer Bodenermüdung und einem Krankheitsbefall vor, aber er ist weniger effektiv bei Krankheiten und Schädlingen, die viele Wirtspflanzen befallen oder die durch sehr lange im Boden überdauernde Erreger verursacht werden. In einem großen Garten empfiehlt sich ein vierjähriger Fruchtwechsel mit Kartoffeln als vierter Kultur.

Konsequenter Wechsel kann auf kleinen Flächen schwierig werden. Dann pflanzt und sät man eben, wo es gerade passt. Wenn Probleme auftreten, sucht man einen neuen Platz oder kultiviert in Pflanzgefäßen mit sterilem Substrat.

Erstes Jahr
Leguminosen Hierzu gehören Erbsen, Stangen- und Buschbohnen, Dicke Bohnen und Gründünger wie Wicken und Lupinen. Als Schwachzehrer benötigen sie wenig Nährstoffe, aber organische Substanz. Die Wurzeln binden Stickstoff, was der Kultur im folgenden Jahr zugutekommt. Ein Fruchtwechsel beugt Fusarium-Welke, Falschem Mehltau und Erbsenwickler vor.

Zweites Jahr
Kohlgewächse Die große Familie schließt Blumenkohl, Brokkoli, Kopfkohl, Wirsing, Grünkohl, Radies, Rettich und Steckrüben ein. Alle sind Starkzehrer, brauchen reichlich Nährstoffe und wachsen besser auf alkalischem Boden. Prüfen Sie daher den pH-Wert *(siehe S. 14)* und kalken Sie bei Bedarf. Ein Fruchtwechsel beugt Virosen, Falschem Mehltau, Weißrost und in gewissem Maß Kohlhernie vor.

Drittes Jahr
Wurzelgemüse Möhren, Petersilie, Pastinaken und Schwarzwurzeln sind Mittelstarkzehrer. Man könnte auch Tomaten und Kartoffeln anbauen, die viel Dünger und hohe Mengen an organischer Substanz brauchen. Kartoffeln hinterlassen einen guten Boden. Fruchtwechsel drängt Zystenälchen, Pfropfenkrankheit und Pulverschorf an Kartoffeln zurück und wirkt dem Pastinakenkrebs entgegen.

Was bringt Unheil im Garten?

Gewächse im Garten sind ständig den Angriffen von Pilzen, Bakterien, Viren, Insekten und anderen Tieren ausgesetzt. Glücklicherweise wehren die Pflanzen von Natur aus die meisten Attacken ab und die Umwelt verhindert häufig die Vermehrung von schädlichen Organismen. Um eine Schadensursache einzugrenzen, muss man Symptome erkennen und beobachten, an welchen Stellen sie auf einer Pflanze auftreten. Erst dann kann man überlegen, wie gegen die Krankheit oder den Schädling vorzugehen ist.

Kenne Deinen Feind: Schädlinge

Schädlinge treten in allen Gärten und an den meisten Pflanzen auf. Wenn Sie wissen, welche Probleme entstehen können, sind Sie in der Lage, ernsthafte Schäden zu verhindern.

Raupen Sie sind die Larven von Schmetterlingen und können das Aussehen von Pflanzen beeinträchtigen, indem sie Löcher in die Blätter fressen. Da viele nachtaktiv sind, muss man sie im Schein einer Taschenlampe ausfindig machen. Nach dem Reifefraß verpuppen sie sich (*siehe S. 28*).

Schädlinge befallen alle Pflanzenteile, von der Wurzel bis zur Sprossspitze. Manche, etwa Fadenwürmer (Nematoden) und manche Milben, sind mikroskopisch klein. Man macht sie oft erst anhand der Symptome ausfindig, die sie an den Pflanzen hervorrufen. Vögel und Kleinsäuger nimmt man dagegen leichter wahr. Dazwischen rangieren kleinere Tiere wie Insekten, Spinnmilben, Asseln, Tausendfüßer, Schnecken. Die meisten erkennt man mit bloßem Auge, doch genauer sieht man mit einer Lupe.

Schädlinge beeinträchtigen Pflanzen recht unterschiedlich. Insekten wie Käfer, Schmetterlingsraupen, Blattwespen und Ohrwürmer fressen mit ihren beißenden Mundwerkzeugen Löcher in Blätter, Blüten, Früchte und Wurzeln. Blattläuse, Weiße Fliege, Woll- und Schildläuse, Thripse, Wanzen und Milben besitzen saugende Mundwerkzeuge, mit denen sie ins Pflanzengewebe einstechen und Pflanzensaft entnehmen. Manche Insekten, Milben und Nematoden regen die Pflanze zur Bildung von Gallen an. Darin leben und ernähren sich die Gallenverursacher.

Die meisten Schädlinge greifen von außen an, doch manche ernähren sich im Innern von Pflanzen, etwa die Blattminierer, Triebbohrer oder Fruchtschädlinge wie Wicklerraupen (*siehe S. 122*).

Säugetiere und Vögel Schwere Schäden können Eichhörnchen, Rehe, Kaninchen, Ratten oder Mäuse hervorrufen, ebenso Tauben und andere Vögel. Weitere Säugetiere wie Hunde, Katzen oder Füchse fressen keine Gartenpflanzen, können aber lästig werden (*siehe S. 35–37*).

Oberirdische Schädlinge An oberirdischen Pflanzenteilen fressen Larven von Schmetterlingen und Blattwespen, Käfer, Ohrwürmer, Blattminierer, Blatt-, Woll- und Schildläuse, Zikaden, Wanzen, Thripse und Weiße Fliege (*Bild*). Weitere Informationen finden Sie auf den Seiten 30–32.

Schädlinge im Boden Von Wurzeln in der Erde leben Eulenraupen, Maulwurfsgrillen, die Larven von Laubkäfern, Dickmaulrüsslern (*Bild*) und Schnaken, Drahtwürmer, Wurzelläuse, die Maden von Möhrenfliege und von Großer und Kleiner Kohlfliege (*siehe S. 33 und 34*).

Wie Schädlinge leben

Abgesehen von Blattläusen, die lebende Nachkommen gebären können, schlüpfen die meisten Pflanzenschädlinge aus einem Ei. Von diesem Zeitpunkt an müssen die Larven viel fressen und an Größe zunehmen. Mit der Eiablage des erwachsenen, geschlechtsreifen Tieres beginnt der Zyklus erneut.

Metamorphose

Wirbellose Tiere entwickeln sich auf zwei verschiedenen Wegen vom Ei zum erwachsenen Tier. Eine unvollständige Metamorphose durchlaufen Schnecken, Asseln, Ohrwürmer, Blatt-, Schild- und Wollläuse, Weiße Fliege, Thripse und Milben. Die unreifen Entwicklungsstadien unterscheiden sich wenig vom erwachsenen Tier, sie sind aber kleiner und haben bei den Insekten keine Flügel.

Eine vollständige Metamorphose durchlaufen Schmetterlinge, Käfer, Fliegen, Blattwespen und Ameisen. Das heranwachsende, fressende Stadium ist eine Raupe, ein Engerling oder eine Made, die völlig anders aussehen als das erwachsende Tier. Nach dem Reifefraß verpuppt sich die Larve. Im Puppenstadium werden die Gewebe der Larve abgebaut und neu zusammengesetzt.

Erwachsener Kohlweißling Er durchläuft eine komplette Metamorphose, vom Ei, über die Raupe, bis zur Puppe und schließlich zum erwachsenen Schmetterling, dem Vollinsekt. Wie bei vielen anderen Schädlingen mit dem gleichen Lebenszyklus sind die Larven die Übeltäter im Garten.

Eier des Kohlweißlings
Blassgelbe Eier haften gruppenweise auf der Unterseite der Blätter von Kohl und anderen Kreuzblütlern. Zwei Generationen treten im Verlauf des Sommers auf.

Raupe des Kohlweißlings
Aus den Eiern schlüpfen gelb und schwarz gefärbte Raupen, die die Blätter ihrer Wirtspflanzen verzehren. Sie häuten sich während des Wachstums fünfmal.

Puppe des Kohlweißlings
Nach Vollendung ihres Reifefraßes kriecht die Raupe davon, um eine senkrechte Fläche zu finden, wo sie sich anheften kann. Sie erstarrt dann allmählich zur Puppe.

Den Winter überstehen

Schädlinge können ganzjährig in Gewächshäusern und an Zimmerpflanzen aktiv bleiben, doch die meisten wirbellosen Tiere gehen in ein Ruhestadium über, sobald die Temperaturen im Herbst fallen und die Tage kürzer werden. Sie überdauern den Winter als Ei, als unreife Larve, im Puppenstadium oder als erwachsenes Tier. Die Stadien, die dem Ei folgen, suchen sich im Allgemeinen einen geschützten Platz, wo sie ausharren, etwa im Boden, in Ritzen der Borke oder in dichtem Strauchwerk wie Nadelholzhecken.

Im Frühjahr regt die wärmere Witterung das Pflanzenwachstum wieder an und weckt die Schädlinge aus ihrer Starre. Blattläuse schlüpfen aus ihren Eiern an Obstgehölzen exakt zu dem Zeitpunkt, wenn sich die Blätter entfalten. Eier wie Knospen sprechen auf die gleichen Umweltbedingungen an.

Ohrwürmer mit Eiern Erwachsene Ohrwürmer überdauern den Winter im Boden. Die Weibchen legen die Eier zur Wintermitte und bleiben bis zum Schlüpfen beim Gelege. Nur wenige Insekten betreiben wie Ohrwürmer so etwas wie Brutpflege für Eier und junge Larven.

Wenn sich Schädlinge vermehren

Eine geringe Menge von Schädlingen im Garten wirkt sich kaum aus, doch mit steigender Anzahl machen sich die gefräßigen Tiere durch ihre Nahrungsaufnahme zusehends an den Gartenpflanzen bemerkbar. Die Pflanzen wachsen langsamer, vor allem wenn die Schädlinge die Sprossspitzen beeinträchtigen, oder das Blattwerk zeigt mehr oder weniger große Löcher. Ein Befall im Spätsommer wirkt sich weniger gravierend aus, weil zu dieser Zeit die Wachstumsperiode zu Ende geht und die Pflanze ihre Blattmasse nicht mehr zur Stoffproduktion braucht.

Explodierende Population

Kleine Schädlinge können sich sehr schnell vermehren. Die meisten Schadtiere wachsen besser bei höheren Temperaturen, dadurch können sie während eines Sommers mehrere Generationen hervorbringen. Natürliche Gegenspieler von Parasiten und Krankheiten können eine Population auf einer niedrigen Zahl halten, doch wenn diese Kontrollen nicht funktionieren, vermehren sich Schädlinge eventuell ungehemmt. Manchmal richten eingesetzte Pflanzenschutzmittel mehr Schaden als Nutzen an, wenn sie die natürlichen Feinde der Schädlinge vernichten.

Schnecken Die meisten Schädlinge lieben es warm und trocken, doch Schnecken bevorzugen kühlere, feuchte Bedingungen. Daher fressen sie bevorzugt nachts oder nach Regenfällen. Schnecken schädigen besonders Jungpflanzen und den frischen Austrieb krautiger Pflanzen. Wie man sie fängt, ist auf Seite 56 beschrieben.

Blattlaus-Invasion Schwarze und grüne Läuse vermehren sich schnell im Frühling und Sommer. Die Populationen aus rein weiblichen Tieren verkürzen den Lebenszyklus, indem sie lebende Tiere gebären und keine Eier legen. Das kann dazu führen, dass Pflanzen innerhalb weniger Wochen stark befallen werden.

Oberirdische Schädlinge

Schädlinge, die oberhalb der Boden-oberfläche fressen, sind leichter auszu-machen als jene, die im Boden leben, denn die Auswirkungen an allen oberir-dischen Pflanzenteilen wie Trieben, Blät-tern, Blüten, Früchten und Samen sind offensichtlich. Das Erscheinungsbild der Schäden kann stark variieren.

Saugtätigkeit Daraus resultieren ein gestauchter Wuchs oder verkrüppelte Blätter. Saugende Insekten wie manche Blattläuse, Zikaden und Thripse können zudem Viruskrank-heiten mit ihren Mundwerkzeugen von Pflanze zu Pflanze übertragen (*siehe S. 41*).

Blattläuse, Weiße Fliege, Wollläuse und manche Schild-läuse scheiden außerdem eine klebrige Substanz aus, Honigtau genannt. Dadurch werden die Blätter klebrig und Schwärzepilze, die sich darauf vermehren, stören das Erscheinungsbild der Pflanzen noch mehr. Andere Schädlinge wie einige Insekten und Milben verursachen anormales Wachstum in Gestalt von Gallen (*siehe S. 66*).

Schädlinge beeinträchtigen Pflanzen noch auf verschie-dene andere Weise. Manche Schädlinge fressen Löcher in Blätter und Blüten, andere legen im Innern von Pflanzen Fraßgänge durch Triebe, Blätter oder Früchte an.

Ameisen
Sie bauen Nester im Boden und krabbeln auf Pflanzen, um süßen Honigtau zu sammeln, den Blattläuse ausscheiden. Ameisen schädigen die Pflanzen nicht direkt, doch sie kön-nen lästig werden und sie schützen Läuse vor den Angriffen der Marienkäfer.

Käfer
Viele Käfern sind Pflanzen-schädlinge. Beim Lilien- und beim Spargelhähnchen (*siehe S. 100 und 121*) sowie beim Schneeball-Blattkäfer (*siehe S. 81*) fressen das erwachsene Tier und die Larve. Beim Himbeerkäfer (*siehe S. 128*) schädigt die Larve die Früchte.

Schmetterlingsraupen
Die meisten Schmetterlinge sind keine Schädlinge, doch ihre Larven fressen Löcher in Blätter, bohren sich durch Triebe und Früchte oder vertilgen Wurzeln. Einige der kleinsten Raupen ernähren sich im Blattgewebe als Blattminierer. Ähnlich sehen die Larven der Blattwespen aus (*siehe S. 32*). Man kann sie anhand der Beinpaare am Hinterleib unterscheiden: Blattwespenlarven haben min-destens sieben Beinpaare, Schmetterlingslarven haben fünf oder weniger. Bekämpfungsmethoden sind auf den Seiten 50–63, Wirtspflanzen auf den Seiten 64–139 beschrieben.

Blattläuse

Sie saugen mithilfe ihrer stilettartigen Mundwerkzeuge an nahezu allen Gartenpflanzen. Bei einem starken Befall stockt das Wachstum, die Pflanzen sind von den klebrigen Ausscheidungen, dem Honigtau, bedeckt, darauf entwickeln sich Schwärzepilze. Im Frühjahr und Sommer gebären die flügellosen Weibchen lebende Nachkommen. Geflügelte Exemplare wechseln später die Wirtspflanze. Viele Arten überwintern als Eier, die im Herbst an Äste von Bäumen und Sträuchern gelegt werden. Bekämpfungsmethoden finden sich bei den Wirtspflanzen auf den Seiten 64–139.

Ohrwürmer

Tagsüber verstecken sich Ohrwürmer an dunklen Plätzen. Nachts fressen sie an weichen Blättern, an Blüten von Dahlien, Garten-Chrysanthemen und Waldreben (*Clematis*). In manchen Jahren treten sie in Mengen auf und richten großen Schaden an.

Kuckucksspeichel

Den weißen Schaum sieht man im Frühsommer an vielen Pflanzen. Er wird von einer cremeweißen Zikadenlarve abgesondert, die Pflanzensaft am Stängel saugt. Obwohl der Speichel so auffällig wirkt, entsteht an den Pflanzen nur geringer Schaden.

Wanzen

Diese saugenden Insekten beeinträchtigen Triebspitzen, Blüten, Knospen und Früchte (v. a. Äpfel), indem sie Zellen im jungen Pflanzengewebe abtöten. Sobald sich die Blätter entfalten, zeigen sich viele kleine Löcher, Blüten fallen ab oder öffnen sich ungleichmäßig.

Blattschneiderbienen

Die Weibchen schneiden Blattstücke ab und bringen die Teile in das tunnelartige Nest in trockenem Boden, in morschem Holz oder in einem ausgehöhlten Trieb, worin sich die Larven entwickeln. Die erwachsenen Tiere sind nützliche Bestäuber.

Oberirdische Schädlinge *Fortsetzung*

Falter

Viele Falter fliegen vorwiegend nachts und legen auch ihre Eier an den Pflanzen nachts ab. Den Schaden verursachen die Raupen *(siehe S. 30)*. Blattminiermotten sind kleine Schmetterlinge. Methoden zur Bekämpfung finden sich auf den Seiten 50–63.

Wespen

Sie verursachen nicht nur schmerzhafte Stiche, sondern schädigen auch reifende Früchte. Ein Wespennest wird von einer Königin und Hunderten von Arbeiterinnen gehütet. Erwachsene Wespen vertilgen andere Insekten, darunter auch Gartenschädlinge.

Blattwespen

Die Larven sehen aus wie Schmetterlingsraupen, haben aber sieben oder mehr Beinpaare am Hinterleib. Blattwespenlarven fressen oft in Gruppen und können schnell das gesamte Blattwerk von Gehölzen oder krautigen Pflanzen vernichten. Werden sie gestört, packen sie das Blatt mit den vorderen Extremitäten und krümmen den Hinterleib, sodass der Körper s-förmig erscheint. Manche von ihnen ernähren sich im Innern von Früchten oder als Blattminierer. Erwachsene Tiere schädigen keine Pflanzen. Bekämpfung siehe bei den Wirtspflanzen auf den Seiten 64–139.

Schildläuse

An Trieben und Blättern vieler Pflanzen saugen Schildläuse, deren zuckerhaltige Ausscheidungen die Pflanzenoberfläche klebrig machen, es entwickelt sich darauf Rußtau. Der weiche Körper der Insekten ist von einem harten Schild bedeckt (daher der Name Deckel- oder Napfschildläuse), unter dem die erwachsenen Schildläuse ihre Eier verbergen. Die verwandten Wollläuse scheiden wachsartige Substanzen aus, zwischen denen sich die Eier befinden. Diese Gelege erkennt man besser als die Tiere. Bekämpfung bei den Wirtspflanzen auf den Seiten 64–139.

Blattminierer

Gänge in das Blattgewebe fressen Raupen von Miniermotten oder Maden von Minierfliegen, ebenso Blattwespen und manche Käfer. Es entstehen verfärbte, geschlängelte Linien oder Flecken auf den Blättern. Bekämpfung siehe auf den Seiten 64–139.

Virusüberträger

Vor allem saugende Insekten übertragen Viruskrankheiten von einer Pflanze zur anderen. Blattläuse, Zikaden und Thripse sind häufig die Schuldigen, auch im Boden lebende Nematoden verbreiten Viren, die oft Krankheiten an Beeren hervorrufen.

Schädlinge im Boden und an Wurzeln

Schädlinge im Boden leben im Verborgenen. Sie können die Pflanzen schwer schädigen, denn nur ein gesundes Wurzelwerk sichert ein gutes Wachstum.

In der Größe variieren Bodenschädlinge vom mikroskopisch kleinen Fadenwurm (Nematode), über Insekten, bis hin zu Tausendfüßern, Asseln und Schnecken, die man mit dem bloßen Auge erkennen kann. Wenn ein beträchtlicher Anteil des Wurzelwerks geschädigt ist, können Pflanzen absterben, vor allem wenn die Gewächse noch jung sind. Wurzelgemüse wie Möhren und Rettich überstehen zwar die Angriffe von Gemüsefliegen-Maden, doch durch den Schaden werden sie unbrauchbar für den Verzehr.

Einige Bodentiere wie Asseln und Tausendfüßer ernähren sich vorwiegend von abgestorbenen Pflanzenteilen. Sie nagen schon einmal an Sämlingen, beeinträchtigen aber keine eingewachsenen Pflanzen.

Schädlinge im Boden sind schwierig abzuwehren. Man sieht sie fast nicht und es gibt kaum geeignete Mittel, um sie zu bekämpfen.

Wurzelläuse
Sie saugen unterirdisch an Wurzeln und am Stängelgrund, etwa an Salat, Bohnen, Möhren, Aurikeln (*Bild*) und anderen Zierpflanzen. Befallene Pflanzen lassen in ihrer Wuchskraft nach und welken leicht bei sonniger Witterung. Eine Bekämpfung ist schwierig, bei Nutzpflanzen könnte ein Fruchtwechsel Abhilfe schaffen (*siehe S. 23*).

Drahtwürmer
Die gelborangefarbenen, ziemlich steifen Drahtwürmer werden bis zu 25 mm lang. Sie sind das Larvenstadium des Schnellkäfers, und nur sie verursachen Schäden an Pflanzen. Sie können Sämlinge abtöten und sich in Kartoffelknollen, Wurzelgemüse und Zwiebeln bohren. In großer Zahl leben Drahtwürmer auf Grasflächen, wo sie keinen nennenswerten Schaden anrichten. Doch im ersten oder zweiten Jahr nach einem Wiesenumbruch kann es zu einer starken Schädigung des angebauten Gemüses kommen. Es steht kein Insektizid zur Bekämpfung zur Verfügung.

Dickmaulrüssler
Die cremeweißen, beinlosen Larven gefährden vor allem Kulturen in Pflanzgefäßen, sie kommen jedoch auch in offenem Boden vor. Von Herbst bis Frühjahr können die herangewachsenen Larven Pflanzen abtöten. Methoden zur Bekämpfung auf Seite 138.

Laubkäfer
Die gekrümmten Larven der rotbraunen Käfer sind größer als diejenigen des Dickmaulrüsslers und sie haben drei Beinpaare am Vorderkörper. Sie fressen Gräserwurzeln und können kleine Zier- und Gemüsepflanzen abtöten. Näheres auf Seite 104.

Wirbellose Schädlinge

Zu diesen kleinen Lebewesen, die keine Wirbelsäule besitzen, gehören Fadenwürmer (Nematoden), Schnecken, Insekten, Milben, Tausendfüßer Asseln. Die meisten sind keine Pflanzenschädlinge, nur wenige bereiten Probleme.

Gärten und Gewächshäuser beherbergen viele Wirbellose. Manche sind sehr willkommen als Bestäuber oder als natürliche Gegenspieler bzw. Parasiten von Schädlingen. Auch sind sie nützlich, wenn sie abgestorbenes organisches Material zersetzen. Viele andere leben und ernähren sich im Garten, ohne dass sie einen Nutzen bringen oder Schaden hervorrufen. Nur eine Minderheit der wirbellosen Tiere sind Schädlinge, die das Wachstum und das Aussehen von Pflanzen beeinträchtigen.

Alle Pflanzenteile sind potenziellen Angriffen ausgesetzt. An Blättern und Blüten sieht man zwar Schäden am besten, doch an Wurzeln und im Innern von Trieben und Früchten fressen unsichtbare Schädlinge.

Ein paar Beispiele für die in den Gärten am weitesten verbreiteten Wirbellosen sehen Sie hier.

Schnecken

Im Gegensatz zu den Nacktschnecken besitzen Gehäuseschnecken ein Haus, in das sie sich zu ihrem Schutz zurückziehen können. Alle Schnecken scheiden Schleim aus, der eine silbrige Spur hinterlässt, und für ihre Ernährung raspeln sie die Oberfläche von Blättern, Stängeln und Blüten an. Umweltfreundliche Bekämpfungsmethoden werden vorgestellt auf den Seiten 56, 58–59 und 63, Näheres zu Schneckenkorn findet sich auf Seite 53.

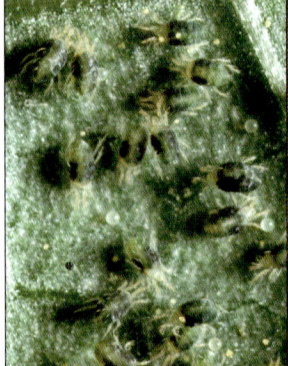

Milben

Die meisten ausgewachsenen Milben besitzen vier Beinpaare. Gallmilben haben zwei Beinpaare, sie rufen anormales Wachstum hervor. Bekämpfung bei den Wirtspflanzen, auf den Seiten 64–139.

Asseln

Sie verstecken sich tagsüber an feuchten Stellen. Nachts fressen sie vorwiegend totes Pflanzengewebe, doch sie können Sämlinge schädigen oder die Auswirkungen anderer Schädlinge noch verschlimmern.

Tausendfüßer

Sie ernähren sich in gleicher Weise wie die Asseln und sind mit diesen Krebstieren häufig gemeinsam anzutreffen. Die lang gestreckten Körper weisen an jedem Segment zwei Beinpaare auf.

Insekten

Erwachsene Tiere haben einen gegliederten Körper mit drei Beinpaaren. Von den Schädlingen gehören Käfer, Fliegen, Schmetterlingsraupen, Blattwespen, Thripse, Läuse und Weiße Fliege zu den Insekten.

Säugetiere und Vögel

Im Vergleich zu kleineren Schädlingen treten Vögel und Säugetiere weniger zahlreich auf, doch sie fressen mehr und sie können lästig werden, selbst wenn sie keine Pflanzen verzehren.

Vögel und Säugetiere können ernsthafte Probleme bereiten, denen schwer beizukommen ist. Es ist aber nicht erforderlich, die Tiere zu töten. Man kann die Pflanzen vor manchen dieser Schädlinge mithilfe von Zäunen und Netzen (*siehe S. 58–59*) schützen. Doch das kann teuer werden und zudem das Gesamtbild stören.

Der Handel bietet Vergrämungsmittel und Geräte zur Abschreckung an (*siehe auch S. 58–59*), doch wirken diese in der Regel nicht über längere Zeit. Vergrämungsmittel (Repellents) beruhen auf einem unangenehmen Geruch oder Geschmack, man muss sie aber häufig ausbringen, um die Wirkung aufrechtzuerhalten. Zur Abschreckung dienen Vogelscheuchen oder Geräte, die Ultraschall aussenden, was gleich nach dem Aufstellen zwar eine gute Wirkung hat, doch Vögel und Säugetiere gewöhnen sich nach einer Weile daran. Man kommt also nicht umhin, die Tiere im Garten zu dulden und Schäden zu begrenzen.

Füchse
Zunehmend beobachtet man Füchse in städtischen Bereichen. Sie schädigen Rasenflächen auf der Suche nach Laubkäferlarven (*siehe S. 33*) und sie hinterlassen Verunreinigungen durch ihren Kot und den streng riechenden Urin. Sie graben frische Pflanzungen auf, vor allem wenn Knochen- oder Blutmehl gestreut wurde.

Katzen und Hunde
Am ärgerlichsten ist der Kot, in den man treten kann und der übel riecht. Wenn Hunde auf den Rasen urinieren, können außerdem Pflanzen verätzt werden. Katzen bereiten häufig die größeren Schwierigkeiten, weil sie im Gegensatz zu Hunden frei herumstreifen. Sie bevorzugen Flächen mit lockerem, trockenem Boden, um ihr Geschäft darin zu verrichten. Man kann dem Problem aber begegnen, indem man dicht pflanzt, um offene Stellen zu vermeiden.

Dachse
Vom Herbst bis ins Frühjahr reißen Dachse auf der Suche nach Larven von Laubkäfern die Rasenflächen auf. Sie fressen außerdem Möhren, Rettiche und Zuckermais im Nutzgarten und graben eine Reihe flacher Löcher für ihren Kot. Einfaches Einzäunen und Einnetzen wehrt diese starken und ausdauernden Tiere nicht ab, sie beseitigen diese Barrieren oder graben sich unten hindurch. Ein Elektrozaun kann sie jedoch wirkungsvoll abwehren.

Säugetiere und Vögel *Fortsetzung*

Mäuse und Ratten

Mäuse fressen das Saatgut von Zuckermais, Erbsen und Bohnen. Sie verzehren ebenso Krokuszwiebeln und reifes Obst – sowohl im Garten als auch in Lagerräumen. Mausefallen schaffen Abhilfe, sollten aber im Garten unter einem Holzscheit oder Ziegelstein liegen, um Vögel nicht zu gefährden. Ratten rufen ähnliche Schäden wie Mäuse hervor, zudem schädigen sie Wurzelgemüse. Weil sie mit ihrem Urin die Weil'sche Krankheit übertragen, stellen sie ein Problem bei der Lagerung von Lebensmitteln dar. Bekämpfen kann man sie mit Fallen oder Giftködern.

Maulwurf

Auf der Suche nach Regenwürmern und Insektenlarven graben sich Maulwürfe durch den Boden und beim Anlegen des unterirdischen Tunnelsystems werfen sie Erde als Haufen aus. Es entsteht eine unebene Oberfläche, besonders wenn die Tunnel einbrechen. Maulwurfshügel können Sämlinge und niedrige Pflanzen verschütten, in Deutschland steht der Maulwurf aber unter Naturschutz und man darf ihn nicht töten oder verfolgen. Wühlmäuse, die ebenfalls Gänge graben, kann man fangen (*siehe S. 57*). Ultraschall aussendende Geräte wirken nicht immer.

Rehe

Am Laub und an den Triebspitzen vieler Pflanzen fressen Rehe gern – besonders bei neuen Pflanzungen. Die Männchen scheuern zudem ihr Geweih an Baumstämmen und schädigen Borke und Seitentriebe, wodurch junge Bäume sogar absterben können. Manche Pflanzen werden zwar weniger gern gefressen, doch frisch gesetzt schmecken sie besser! Nur ein stabiler Zaun kann Rehe wirklich fern halten. Narzissen, Hortensien und Rittersporn werden von Rot- oder Damwild gewöhnlich verschmäht, ebenso Pflanzen mit zähen Blättern wie *Yucca* und *Cordyline*.

Kaninchen

Sie fressen Gemüse und krautige Pflanzen ab und sie töten Bäume und Sträucher, weil sie die Borke abnagen, besonders im Winter. Frisch gesetzte Pflanzen sollte man mit einem Netz oder einer Haube schützen (*siehe S. 58*), um den Stamm junger Gehölze legt man Manschetten. Werden Kaninchen zum Dauerproblem, sollte man den Garten mit einem stabilen Drahtzaun von 2,5 cm Maschenweite einfassen. Dieser muss 1,4 m hoch und am Boden 30 cm weit nach außen gebogen sein, damit sich die Nager nicht unten hindurchgraben.

Eichhörnchen

Die posierlichen Tiere fressen Obst, Nüsse, Zuckermais, Blütenknospen, Tulpen- und Krokuszwiebeln. Die größten Schäden, die man ihnen zuschreiben kann, entstehen aber, wenn sie die Borke von Bäumen abschälen. Wenn ein Großteil der Borke eines Stammausschnitts verloren ist, trocknet der ganze darüberliegende Bereich der Pflanze aus und stirbt ab. Eichhörnchen kann man fangen, doch die Bekämpfung zeigt nur dann Erfolg, wenn sie sich über eine größere Fläche erstreckt, weit größer als ein durchschnittliches Gartengrundstück.

Tauben

Hauptsächlich die Ringeltaube verursacht Probleme in Gemüsegärten. Sie frisst Blätter von Erbsen, Kopfkohl und anderen Kreuzblütlern. Schäden treten das ganze Jahr über auf, allerdings im Winter oft verstärkt. Da man Tauben in Gärten nicht einfach abschießen kann, zieht man gefährdete Pflanzen besser unter Netzen, um die Tauben von den Blättern fernzuhalten. Abschreckung mit Habichtattrappen, Tonbändern, Vogelscheuchen und Glitzerbändern geben nur zeitweisen Schutz vor den Verwüstungen durch diesen Vogel (*siehe S. 59*).

Graurelher

Obwohl sie nur vereinzelt auftreten, decken sie eine große Fläche bei ihrer Futtersuche ab. Sie wissen bald, wo sich Gartenteiche befinden und lassen sich nieder, um Fische, Frösche und andere Teichtiere zu schnappen. Abdecken mit Netzen hilft gut zum Schutz vor diesen Vögeln, vor allem wenn wertvolle Zierfische wie Koi enthalten sind. Eine Reiher-Attrappe, die man an den Teichrand stellt, wird manchmal zur Abschreckung empfohlen, denn Graureiher fressen bevorzugt alleine. Zuverlässig wirkt dies nicht unbedingt.

Kenne Deinen Feind: Krankheiten

Krankheitserreger, sogenannte Pathogene, können Pilze, Bakterien oder Viren sein. Die Mehrzahl der Pflanzenkrankheiten geht auf pilzliche Erreger zurück.

Blattkrankheiten Erreger, die nur das Laub befallen, bewirken unterschiedliche Symptome wie Flecken, Sprenkelung, Verfärbung, Verformungen und in schweren Fällen das Absterben der ganzen Pflanze. Am häufigsten treten Blattfleckenkrankheiten, Mehltau, Rost und Virosen auf.

Für eine Erkrankung braucht es eine empfängliche Wirtspflanze, einen angriffsbereiten Erreger und günstige Umweltbedingungen. Höhere Pilze wie Sternrußtau, Echter Mehltau und Rostpilze verbreiten sich über Sporen durch die Luft oder über Wasserspritzer. Holzzerstörende Pilze sorgen über Sporen aus ihren Fruchtkörpern für ihre Verbreitung oder sie werden durch Wurzelkontakt übertragen. Bei Hallimasch geschieht die Infektion meist im Boden über den Kontakt von Wurzeln oder über zähe Zellstränge.

Niedere Pilze wie *Pythium*- und *Phytophthora*-Arten setzen infektionsfähige Sporen frei, die sich im Boden mit Wasser verbreiten. Sie können Dauersporen ausbilden, die im Boden ruhen, solange ein passender Wirt fehlt. Einige Erreger geben Sporen an die Luft ab, etwa die Erreger von Blattfleckenkrankheiten, Zweigsterben und Blutkrebs.

Bakterien überleben im Boden und auf Pflanzenresten. Sie dringen hauptsächlich über Wunden ins Pflanzengewebe ein. Durch Wasserspritzer gelangen sie vom Boden auf die Blätter. Dadurch verbreiten sie sich rasch bei feuchter Witterung. Viren werden mithilfe von Vektoren übertragen, das können Insekten und Fadenwürmer sein, oder sie gelangen über mechanische Schäden auf neue Wirtspflanzen. Viren können sich auch über Samen verbreiten.

Hutpilze Viele verschiedene Pilzarten rufen Fäulnis an Wurzeln, am Stammgrund, an Ästen und Stängeln hervor. Sie bilden vorwiegend im Herbst kurzlebige Fruchtkörper aus, die Pilzhüte, oder mehrjährige Konsolen. Hallimasch stellt eine große Gefahr für Bäume und Sträucher dar.

Fäulnispilze Viele Erreger bewirken Fäulnis an Wurzeln und Stängeln, besonders *Phytophthora*-Arten (*siehe S. 42*). Infizierte Pflanzen sind weniger wüchsig, die Baumkrone wird lichter, Triebe sterben ab. Das spärlichere Wurzelwerk verbräunt, Pilzwachstum ist nicht offensichtlich.

Welkekrankheiten Pilze oder Bakterien können die Leitbahnen verstopfen. Dadurch kommt es zu Welke, gestauchtem Wuchs, Verfärbungen, Triebsterben, bis hin zum Absterben. Am weitesten verbreitet sind pilzliche Erreger wie *Verticillium*- und *Fusarium*-Arten (*siehe S. 43*).

Blattkrankheiten

Viele Krankheiten befallen nur oberirdische Pflanzenteile. Manche wie der Falsche Mehltau beeinträchtigen die Pflanzen sehr, während viele Blattfleckenerreger nur das Aussehen stören.

Einige Krankheitserreger wie Rostpilze und Echter Mehltau sind aufgrund der typischen Erscheinungen auf der Blattoberfläche leicht zu erkennen. Andere sind schwieriger zu identifizieren, weil sie so winzig sind und keine eindeutigen Symptome hervorrufen. Zum Beispiel bewirken manche Viren Verdrehungen und Stauchungen, ähnlich einem Herbizidschaden. Blattflecken, wie sie manche Pilze verursachen, gehen oft auf schädliche Einflüsse aus der Umwelt zurück. Da im Hausgarten nur wenige Pflanzenschutzmittel zugelassen sind, müssen Anbautechniken die Verbreitung von Krankheiten verhindern:

● Entfernen Sie infizierte Pflanzen und Pflanzenteile sofort.
● Gießen Sie nicht von oben auf die Pflanze.
● Gießen und düngen Sie ausreichend und mulchen Sie.
● Entfernen Sie Falllaub im Herbst aus dem Garten.

Blattfleckenkrankheiten
Meist gehen solche Krankheiten auf pilzliche Erreger zurück, manchmal sind aber auch Bakterien oder ungünstige Wachstumsbedingungen die Ursache. Die Flecken variieren in Bezug auf Größe, Form und Farbe; sie verunstalten zwar die befallenen Pflanzen, töten sie jedoch nicht ab. Pilze und Bakterien gedeihen bei feuchter Witterung am besten, ungünstige Perioden können Pilze als Dauersporen überdauern. Bekämpfung auf den Seiten 64–139.

Falscher Mehltau
Diese Niederen Pilze treten an vielen Pflanzen auf, haben sich aber jeweils auf bestimmte Gattungen spezialisiert. Ein weiß-grauer Schimmelbelag bildet sich auf der Blattunterseite, manchmal begrenzt von den Blattadern, und gelbe Flecken erscheinen gegenüber auf der Blattoberseite. Entfernen Sie infizierte Pflanzen, verbessern Sie die Durchlüftung und gießen Sie das Wasser nicht über das Laub der Pflanzen. Die Sporen überdauern im Boden jahrelang.

Echter Mehltau
Zu dieser Gruppe zählen viele verschiedene Pilzarten, die eine große Palette von Pflanzen befallen, doch gewöhnlich greift eine Art nur eine Gruppe verwandter Pflanzen an. Der weiße Belag kann alle Pflanzenteile überziehen, infiziertes Gewebe verkrüppelt. Blätter können abfallen, Knospen verkümmern, Stängel sterben ab. Abhilfe schaffen Wassergaben in Trockenzeiten, ein Rückschnitt für eine verbesserte Durchlüftung oder Spritzungen mit Fungiziden.

Virosen

Infektionen durch Viren verursachen bei Pflanzen zahlreiche Symptome, am häufigsten sind aufgehellte Flecken auf den Blättern in Form von mosaikartigen Mustern, Ringen oder Sprenkelungen. Gewebeteile können absterben und betroffene Pflanzen wirken oft gestaucht. Häufig treten Virosen an Pflanzen auf, die über Teilung vermehrt werden, etwa Dahlien. Die Übertragung geschieht meist durch saugende Insekten, bei manchen Viren genügt aber schon der bloße Kontakt. Leider kann man Virosen nicht heilen, betroffene Pflanzen müssen vernichtet werden.

Rost

Pusteln mit orangebraunen Sporen erscheinen an Blattunterseiten und Stängeln, darüber bilden sich aufgehellte Flecken auf der Blattoberfläche. Blätter fallen oft vorzeitig ab. Es gibt geeignete Fungizide.

Schorf

Zuerst erscheinen dunkelgrüne Flecken auf den Blättern, das Gewebe stirbt ab und die Blätter fallen vorzeitig von der Pflanze. Auch dunkle, eingesunkene Stellen auf Früchten treten auf oder Triebe sterben ab.

Brand

Die meisten Brandpilze setzen massenhaft schwarze Sporen frei. Es kommt zu Blattflecken und verdrehtem Wuchs. Sporen können einige Jahre im Boden überdauern. Bekämpfung auf den Seiten 64–139.

Grauschimmel

Dieser verbreitete Pilz tritt an vielen Pflanzen auf. Er bewirkt das Faulen von Trieben und Stängeln. Bei feuchten Bedingungen werden die Sporen schnell durch die Luft übertragen (*siehe S. 136*).

Fäulnis und Welke

Hier geht es um Krankheiten, die Fäulnis und Welkeerscheinungen an Stämmen und Wurzeln verursachen. Oft führen sie zum Absterben der Pflanzen.

Als häufigste Krankheitserreger im Garten treten an Wurzeln Hallimasch und *Phytophthora*-Arten auf. Oft erkennt man sie erst nach einer gründlichen Begutachtung der Wurzeln. An oberirdischen Pflanzenteilen kommt es zu ausgedehnten Absterbe-Erscheinungen.

Die Beobachtung der Symptome gibt wertvolle Hinweise auf den Auslöser der Krankheit: Ein teilweises Absterben unterscheidet sich von einem kompletten Zusammenbruch. Es geht eher auf eine Welkekrankheit zurück als auf einen Erreger von Wurzelfäule. Fruchtkörper von Konsolenpilzen weisen auf holzzerstörende Organismen hin.

Dem Hobbygärtner stehen keine Möglichkeiten zur Sterilisation oder zur chemischen Behandlung von Gartenböden zur Verfügung. Hygiene ist daher oberstes Gebot. Nur wer genau weiß, welcher Erreger Pflanzen abgetötet hat, kann als geeigneten Ersatz resistente Sorten wählen.

Sclerotinia-Fäule

Die Krankheit befällt zahlreiche Wirtspflanzen, wodurch es zu einer plötzlichen Welke kommt, die unteren Blätter vergilben und der Stängel verfault. Zudem erkennt man einen weißen Pilzbelag, in den oft harte, schwarze Dauerformen eingebettet sind, die man Sklerotien nennt. Betroffene Pflanzen sollte man entfernen, bevor die Dauersporen in den Boden gelangen, denn diese bleiben jahrelang infektionsfähig. Deshalb dürfen erkrankte Pflanzen auch nicht auf den Kompost. Der Anbau empfindlicher Arten sollte auf der Fläche für bis zu acht Jahre unterbleiben.

Phytophthora-Fäule

Die mikroskopisch kleinen Erreger zählen zu den Niederen Pilzen. Von den zahlreichen *Phytophthora*-Arten sind einige hochgradig spezialisiert, andere befallen viele verschiedene Wirtspflanzen. Am häufigsten tritt Fäulnis an Wurzeln und Stammgrund auf, doch können auch Blätter und Zweige absterben. Feuchte Witterung begünstigt die Krankheit, die im Boden über Jahre hinweg überdauert. Befallene Pflanzen muss man mit der umgebenden Erde entfernen. Am Standort sollte dann der Wasserabzug verbessert und drei Jahre lang kein Gehölz mehr gepflanzt werden.

Verticillium-Welke

Viele Zier- und Nutzpflanzen werden von dieser Krankheit befallen. Einzelne Äste welken und sterben womöglich ab, was sich über Jahre hinziehen kann. Im Leitgewebe der erkrankten Pflanzen sind dann dunkle Streifen erkennbar. Eine Zufuhr von Ammoniumdünger im Wurzelbereich kann die Bildung eines neuen, krankheitsfreien Bastrings fördern. Dennoch sollte man stark betroffene Pflanzen komplett entfernen, weil die Erreger, verschiedene Verticillium-Arten, im Boden leben und weitere Infektionen hervorrufen. Am besten pflanzt man widerstandsfähigere Arten.

Hallimasch

Dieser Hutpilz kann alle Gehölze befallen, oft mit fatalen Folgen. Die Krone lichtet sich, Äste sterben ab oder die ganze Pflanze bricht plötzlich zusammen. Zwischen Borke und Holz (z.B. im Kambium) erkennt man weiße Pilzfäden. Manchmal erscheinen im Herbst ockergelbe Fruchtkörper mit weißen Lamellen und einem Kragen am Stiel. Betroffene Pflanzen muss man entfernen, zusammen mit einem möglichst großen Teil des Wurzelwerks. Wählen Sie weniger anfällige Pflanzen, dazu gehören Acer negundo, Buchen, Buchs, Efeu, Eibe, Esskastanie.

Fusarium-Welke

Sie tritt an vielen Getreide- und Gemüse-Arten auf. Die Pflanzen welken, ältere Blätter wirken wie verbrannt, am Stängelgrund zeigt sich eine dunkle Verfärbung. Der Pilz überdauert im Boden oder an Pflanzenresten. Erkrankte Pflanzen entfernt man mit der umgebenden Erde.

Bleiglanz

Diese Krankheit tritt häufig an Bäumen auf, besonders an Prunus-Arten. Die Blätter wirken bleisilbrig, Äste sterben ab, kleine violettbraune Fruchtkörper können erscheinen. Absterbende Äste schneidet man im Sommer bis ins gesunde Holz zurück.

Schnelldiagnose für häufige Probleme

Die meisten in diesem Buch beschriebenen Krankheiten und Schädlinge werden hier, bezogen auf die betroffenen Pflanzenteile, aufgeführt. Bedenken Sie, dass Schaderreger verschiedene Symptome hervorrufen können.

Falls Sie auf den Seiten 44–49 nicht das Gesuchte finden, aber Ihre Pflanzen kennen, schauen Sie beim entsprechenden Abschnitt nach, etwa auf Seite 86–87 für Rosen, auf Seite 124–125 für Steinobst und für Kartoffeln auf Seite 116–117. Krankheiten und Schädlinge, die man mit bestimmten Pflanzen verbindet, können auch an anderen Arten auftreten. Malvenrost etwa befällt Stockrosen (*Althaea rosea*), doch ebenso *Lavatera*-Arten.

Blätter

Symptome: Blattflecken meist rund, sich über Blattadern erstreckend. Lang gezogene Flecken an Stängeln.
Mögliche Krankheiten: Von Pilzen hervorgerufene Blattflecken (*S. 40*).
Vergleichen Sie auch:
Blattfallkrankheit an Johannisbeeren (*S. 126*)
Blattflecken an Efeu (*S. 84*)
Blattflecken an Erdbeerbaum (*S. 70*)
Blattflecken an Escallonien (*S. 77*)
Blattfleckenkrankheit an Iris (*S. 101*)

Blattflecken an Nieswurz (*S. 96*)
Blattflecken an Süßkirschen (*S. 124*)
Blattflecken an *Yucca* (*S. 81*)
Brandpilz an Dahlien (*S. 103*)
Falscher Mehltau an Veilchen (*S. 99*)
Grauschimmel an Lilien (*S. 100*)
Blattflecken an Rhododendren (*S. 83*)
Robiniensterben (*S. 74*)
Septoria-Blattflecken an Sellerie (*S. 121*)
Sprühfleckenkrankheit an *Prunus* (*S. 124*)
Sprühfleckenkrankheit und Ringfleckenkrankheit an Kohl (*S. 114*)
Sternrußtau an Rosen (*S. 87*)
Teerfleckenkrankheit an Ahorn (*S. 70*)
Weißfleckenkrankheit der Erdbeere (*S. 129*)

Symptome: Flecken oft eckig von Blattadern begrenzt, Färbung für gewöhnlich einheitlich. Flecken können anfangs wassergesättigt sein.
Mögliche Ursachen: Blattälchen, bakterielle Blattflecken.
Vergleichen Sie auch:
Fettfleckenkrankheit an Bohnen (*S. 113*)

Schwarzfleckenkrankheit an Rittersporn (*S. 95*)
Blattälchen an Phlox (*S. 91*)

Symptome: Unregelmäßige braune bis schwarze Flecken auf den Blättern, die zusammenfließen können. Vorzeitiger Blattfall. Äste und Stängel sterben mitunter ab.
Mögliche Krankheit: Blattfleckenkrankheit.
Vergleichen Sie auch:
Blattbräune an Bohnen (*S. 113*)
Schokoladenflecken an Bohnen (*S. 113*)
Triebsterben an Buchs (*S. 80*)
Blattflecken an Hartriegel (*S. 71*)
Blattbräune an Stechpalmen (*S. 77*)
Minierfliegen an Stechpalmen (*S. 76*)
Blattflecken an Rosskastanien (*S. 72*)
Papierfleckenkrankheit an Lauch (*S. 120*)
Blattbräune an Lupinen (*S. 94*)
Päonienwelke (*S. 96*)
Blattbräune an Platanen (*S. 74*)
Kraut- und Braunfäule an Kartoffeln und Tomaten (*S. 117 und S. 119*)
Blattbräune an Quitten (*S. 74*)

Teerfleckenkrankheit an Ahorn

Blattflecken an Nieswurz

Blattfleckenkrankheit an Rhododendron

Blattflecken und Zweigsterben an Rhododendren (S. 83)
Marssonina-Krankheit und Triebsterben an Weiden (S. 75)

Symptome: Schwarzbraun verfärbte Bereiche, oft scharf vom gesunden Blattgewebe durch größere Adern abgetrennt.
Möglicher Schädling: Blattälchen (S. 91).

Symptome: Feine, helle Sprenkelung an der Blattoberfläche, wird allmählich gelblich braun.
Mögliche Schädlinge: Zikaden, Spinnmilben, Thripse.
Vergleichen Sie auch:
Erbsenthrips (S. 112)
Gewächshausthrips (S. 137)
Gladiolenthrips (S. 100)
Nadelholzspinnmilbe (S. 76)
Netzwanzen (S. 80)
Obstbaumspinnmilbe (S. 111)
Spinnmilben („Rote Spinne") (S. 136)
Thripse an Liguster (S. 76)
Zikaden an Rosen (S. 87)
Zikaden an Salbei (S. 130)
Zikaden im Gewächshaus (S. 138)

Symptome: Zuerst dunkelgrüne Stellen auf den Blättern von Bäumen, das Laub stirbt ab und fällt vorzeitig.
Mögliche Krankheit: Schorf (S. 69).

Symptome: Aufgehellte Bereiche, oft in Form von Mosaik, Ringen oder Sprenkelung. Verkrüppelte Blätter.
Mögliche Krankheit: Virosen (S. 41).
Vergleichen Sie auch:
Blattmilben an Himbeeren (S. 128)
Carla-Virus an Nieswurz (S. 96)
Gelbscheckung an Kamelien (S. 82)
Mosaikvirus an Gurken (S. 119)
Pastinakenkrebs (S. 117)
Virosen an *Canna* (S. 97)
Virosen an Erdbeeren (S. 129)
Virosen an Kopfsalat (S. 118)
Virosen an Orchideen (S. 139)
Virosen an Passionsblumen (S. 85)
Virosen an Petunien (S. 99)
Virosen an Rosen (S. 87)
Virosen an Tomaten (S. 119)
Virosen an Ziertabak (S. 99)
Viruserkrankungen an Pflanzen im Gewächshaus (S. 139)

Symptome: Verkrüppelte Blätter, die massenhaft schwarze Sporen freisetzen.
Mögliche Krankheit: Brandpilze (S. 41).
Vergleichen Sie auch:
Brandpilz an Anemonen (S. 101)

Symptome: Weißlicher Schimmelbelag an der Blattunterseite, gelbe, violette oder braune Flecken auf der gegenüberliegenden Oberseite.

Mögliche Krankheit: Falscher Mehltau (S. 40).
Vergleichen Sie auch:
Falscher Mehltau an Erbse (S. 112)
Falscher Mehltau an *Hebe* (S. 81)
Falscher Mehltau an *Impatiens* (Fleißigen Lieschen), Stiefmütterchen und Tabak (S. 98 und 99)
Falscher Mehltau an Kohl (S. 114)
Falscher Mehltau an Kopfsalat (S. 118)
Pockenkrankheit der Weinrebe (S. 127)

Symptome: Pudriger weißer Überzug, befallenes Gewebe verkümmert, Blätter können abfallen.
Mögliche Krankheit: Echter Mehltau (S. 40).
Vergleichen Sie auch:
Amerikanischer Stachelbeermehltau (S. 127)
Echter Mehltau an *Akanthus* (S. 96)
Echter Mehltau an Duft-Wicken (S. 98)
Echter Mehltau an Eichen (S. 73)
Echter Mehltau an Erbsen (S. 112)
Echter Mehltau an Geißblatt (S. 85)
Echter Mehltau an Gurke (S. 119)
Echter Mehltau an Himbeeren (S. 128)
Echter Mehltau an Lorbeer (S. 130)
Echter Mehltau an Rhododendren (S. 83)
Echter Mehltau an Rittersporn und Storchschnabel (S. 95 und 94)

Zikaden an Rosen

Gelbscheckung an Kamelien

Falscher Mehltau an Akanthus

Schnelldiagnose für häufige Probleme *Fortsetzung*

Blätter *Fortsetzung*

Symptome: Wachsartige weiße Bänder mit Eiern an der Unterseite immergrüner Blätter, an der Oberseite oft Besatz mit Schwärzepilzen.
Möglicher Schädling: Schildläuse (*S. 66*).

Symptom: Wachsartige Ansammlungen an Gewächshauspflanzen.
Mögliche Schädlinge: Australische Wollschildlaus (*S. 137*), Wollläuse (*S. 138*).

Symptom: Weiße kalkartige Ausblühungen an der Blattunterseite.
Mögliche Krankheit: Weißrost (*S. 109*).

Symptome: Insekten mit weichem Körper, bedeckt mit Schilden. Blätter manchmal klebrig, oft mit Rußtau.
Möglicher Schädling: Schildläuse (*S. 32*).
Vergleichen Sie auch:
Australische Wollschildlaus (*S. 137*)
Napfschildläuse (*S. 137*)
Oleander-Deckelschildlaus (*S. 137*)
Schildläuse (*S. 66*)
Schildläuse an *Euonymus* (*S. 80*)
Schildläuse an Wisterien (*S. 85*)
Weiche Schildlaus (*S. 110*)
Weichhautmilben (*S. 137*)
Wollläuse an Hortensien (*S. 80*)
Wollläuse an Rosskastanien (*S. 72*)

Symptome: Anormales Wachstum oder Gallen auf dem Blattwerk.
Mögliche Ursache: Verschiedene Pilzkrankheiten und Schädlinge.
Vergleichen Sie auch:
Blattflöhe an Buchs (*S. 80*)
Blattflöhe an Lorbeer (*S. 130*)
Blattgallwespen an Weiden (*S. 75*)
Gallen an Kamelien (*S. 82*)
Gallmilben (*S. 66*)
Gallmilben an Ahornen (*S. 70*)
Gallmilben an Linden (*S. 72*)
Gallmilben an Ulmen (*S. 71*)
Gallmilben an Walnussbäumen (*S. 74*)
Gallmücken an Gleditschien (*S. 78*)
Gallmücken an Veilchen (*S. 93*)
Gallwespen an Eichen (*S. 73*)
Gallwespen an *Eukalyptus* (*S. 71*)
Kräuselkrankheit des Pfirsichs (*S. 124*)
Mehlige Pflaumenblattlaus (*S. 125*)

Symptome: Weiße, gelbe, orangefarbene oder braune Sporenlager an der Blattunterseite, gegenüber auf der Blattoberseite helle Flecken. Blätter fallen vorzeitig ab.
Mögliche Krankheit: Rost (*S. 41*).
Vergleichen Sie auch:
Birnengitterrost (*S. 123*)
Rost an Bohnen (*S. 113*)
Rost an Chrysanthemen (*S. 95*)
Rost an Fuchsien (*S. 79*)
Rost an Himbeeren (*S. 129*)
Rost an Immergrün (*S. 97*)

Rost an Iris (*S. 101*)
Rost an Löwenmäulchen (*S. 97*)
Rost an Mahonien (*S. 81*)
Rost an Pelargonien (*S. 94*)
Rost an Pfefferminze (*S. 131*)
Rost an Rhododendren (*S. 83*)
Rost an Rosen (*S. 87*)
Rost an Stockrosen (*S. 97*)
Weißrost an Chrysanthemen (*S. 95*)

Symptome: Blätter haben einen bleiartigen Glanz, Äste sterben ab.
Mögliche Krankheit: Bleiglanz (*S. 43*).

Symptome: Gewundene weiße oder braune Linien oder Fraßgänge, das Blattgewebe stirbt hier ab.
Möglicher Schädling: Blattminiermotten (*S. 32*), Minierfliegen.
Vergleichen Sie auch:
Fliedermotte (*S. 78*)
Gangminen an Goldregen (*S. 78*)
Lauchmotte (*S. 120*)
Minierfliegen an Chrysanthemen (*S. 95*)
Minierfliegen an Roter Bete (*S. 121*)
Minierfliegen an Sellerie (*S. 121*)
Minierfliegen an Stechpalmen (*S. 76*)
Miniermotten an Stein-Eichen (*S. 73*)
Miniermotten an Rosskastanien (*S. 72*)
Miniermotten an Feuerdorn (*S. 79*)
Minierfliegen an Hauswurz (*S. 92*)
Obstbaumminiermotte (*S. 122*)
Zwiebelminierfliege (*S. 120*)

Schildläuse   Gallwespen an Eichen   Birnengitterrost

Symptome: Fraßschäden an Blättern.
Mögliche Schädlinge: Käfer, Schmetterlingsraupen (*S. 30 und 32*), Blattwespen (*S. 32*), Säugetiere (*S. 35–37*), Schnecken (*S. 34*).
Vergleichen Sie auch:
Blattkäfer an Seerosen (*S. 93*)
Blattkäfer an *Viburnum* (*S. 81*)
Blattrandkäfer (*S. 112*)
Blattwespen an Berberitzen (*S. 78*)
Blattwespen an Rosen (*S. 86*)
Brauner Mönch (*S. 92*)
Dickmaulrüssler, Käfer (*S. 34*)
Eichenprozessionsspinner (*S. 73*)
Erdflöhe (*S. 114*)
Flohkäfer an Weiden (*S. 75*)
Frostspanner (*S. 110*)
Gemüseeule (*S. 118*)
Gespinstmotten an *Cotoneaster*, Wollkrautrüssler, Mittlerer Weinschwärmer (*S. 79*)
Kartoffelkäfer (*S. 108*)
Lilienhähnchen (*S. 100*)
Minzeblattkäfer (*S. 131*)
Mittelmeer-Nelkenwickler (*S. 138*)
Raupen des Kohlweißlings (*S. 98, 115*)
Rosmarinkäfer (*S. 130*)
Sägewespen an Iris (*S. 101*)
Sägewespen an Nelkenwurz (*S. 93*)
Sägewespen an Salomonssiegel (*S. 92*)
Sägewespen an Stachelbeeren (*S. 127*)
Sägewespen an Storchschnabel (*S. 94*)
Schattenwickler (*S. 90, 138*)

Schwarze Kirschblattwespe (*S. 123*)
Spargelhähnchen (*S. 121*)

Symptome: Gleichmäßig große Blattstücke sind sauber ausgeschnitten.
Möglicher Schädling: Blattschneiderbienen (*S. 31*).

Symptome: Durchlöcherte Blätter an Kirschen.
Mögliche Krankheiten: Bakterienbrand (*S. 124*), Sprühfleckenkrankheit (*S. 124*), Blattfleckenkrankheit (*S. 40*).

Symptome: Plötzlich welkende Blätter, Grundblätter vergilben. Stängelfäulnis und weißer Pilzbelag.
Mögliche Krankheit: *Sclerotinia*-Fäule (*S. 42*).

Symptome: Blätter welken, Stängel sterben ab. Das Leitgewebe im Stängel zeigt eventuell dunkle Streifen, Wurzeln sind weiterhin aktiv.
Mögliche Krankheit: Welke.
Vergleichen Sie auch:
Clematiswelke (*S. 84*)
Fusarium-Welke (*S. 43*)
Ulmensterben (*S. 71*)
Verticillium-Welke (*S. 43*)

Symptome: Blätter welken und sterben ab. Im Leitgewebe sind keine Streifen sichtbar, Wurzeln faulen.

Mögliche Krankheit: Wurzelfäule.
Vergleichen Sie auch:
Hallimasch (*S. 43*)
Phytophthora-Fäule (*S. 42*)
Triebsterben an Wisterien (*S. 85*)
Umfallkrankheit (*S. 139*)
Veilchensterben (*S. 99*)

Symptome: Blätter welken an heißen Tagen und erholen sich nachts.
Mögliche Ursachen: Kohlhernie (*S. 109*), Wurzelläuse (*S. 33*).
Vergleichen Sie auch:
Salatwurzellaus (*S. 118*)
Wurzelläuse (*S. 138*)

Symptome: Laub von Bäumen welkt und verbräunt, bleibt aber an den Zweigen hängen.
Mögliche Krankheiten: *Gnomonia*-Blattflecken an Süßkirschen (*S. 124*), Feuerbrand (*S. 111*).

Symptome: Dichter Besatz von unterschiedlich gefärbten, saugenden Insekten an Triebspitzen und Blättern, die klebrigen Honigtau ausscheiden.
Mögliche Schädlinge: Blattläuse (*S. 31 und 139*), Blattsauger, Weiße Fliege (*S. 136*).
Vergleichen Sie auch:
Birnblattsauger (*S. 123*)
Blasenlaus an Johannisbeeren (*S. 126*)
Blattläuse an Lebensbäumen (*S. 76*)

Blattwespenlarven an Rose

Sclerotinia-Fäule

Weiße Fliege im Gewächshaus

Schnelldiagnose für häufige Probleme *Fortsetzung*

Blattläuse an Lupinen (*S. 94*)
Blattläuse an Rosen (*S. 86*)
Blattsauger an *Eukalyptus* (*S. 71*)
Kleine Pflaumenlaus (*S. 125*)
Kohlweißling (*S. 115*)
Läuse an Geißblättern (*S. 85*)
Mehlige Kohlblattlaus (*S. 115*)
Mehlige Pflaumenblattlaus (*S. 125*)
Schwarze Bohnenlaus (*S. 113*)
Schwarze Kirschenblattlaus (*S. 124*)
Weiße Fliege an *Viburnum* (*S. 81*)
Blattläuse an Seerosen (*S. 93*)
Wollschildläuse an Buchen (*S. 70*)

Blüten und Knospen

Symptome: Farbveränderungen.
Mögliche Krankheit: Virosen (*S. 41*).
Vergleichen Sie auch:
Gelbscheckung an Kamelien (*S. 82*)
Virosen an Petunien (*S. 99*)

Symptome: Pelziger Pilzbelag.
Mögliche Krankheit: Grauschimmel
(*S. 136*).
Vergleichen Sie auch:
Grauschimmel an Lilien (*S. 100*)

Symptome: Staubbeutel schwellen
an, verformen sich und sind mit Mas-
sen dunkelbrauner Sporen bedeckt.
Mögliche Krankheit: Brandpilz
(*S. 41*).
Vergleichen Sie auch:
Antherenbrand an Nelken (*S. 95*)

Symptome: Blüten fallen ab oder
öffnen sich unregelmäßig.
Mögliche Schädlinge: Wanzen (*S. 31*),
Milben an Glattblatt-Astern (*S. 93*).

Symptome: Blüten an Obstbäumen
welken und verbräunen.
Mögliche Krankheit: Blütenwelke
(*S. 111*).

Symptome: Atypisches Wachstum
oder Gallen auf Knospen.
Mögliche Schädlinge: Gallmücken,
Gallmilben (*S. 66*).
Vergleichen Sie auch:
Gallmilben an Ginster (Geißklee) (*S. 78*)
Gallmilben an Johannisbeeren (*S. 126*)
Gallmücken an Taglilien (*S. 94*)

Symptome: Angefressene Knospen an
Obstgehölzen.
Mögliche Schädlinge: Vögel (*S. 111*).

Früchte

Symptome: Dunkle Flecken oder
Punkte an den Früchten.
Mögliche Krankheit: Schorf (*S. 69*).

Symptome: An Früchten konzentrische Ringe heller Pilzpolster.
Mögliche Krankheit: *Monilia*-Frucht-
fäule (*S. 123*).

Symptome: Pelziges Pilzwachstum
oder weiße Ringe, manchmal mit
grauem Schimmelbelag.
Mögliche Krankheit: Grauschimmel
(*S. 136*).
Vergleichen Sie auch:
Geisterflecken an Tomaten (*S. 118*)
Grauschimmel an Erdbeeren (*S. 129*)

Symptome: Früchte mit weißlichem
Pilzüberzug.
Mögliche Krankheit: Echter Mehltau
(*S. 40*).
Vergleichen Sie auch:
Amerikanischer Stachelbeermehltau
(*S. 127*)

Vergleichen Sie ebenso:
Beerenobst (*S. 126–129*)
Obstbäume (*S. 122–125*)

Stamm, Äste, Stängel

Symptome: Ungewöhnlich dichte
Verzweigung, schwache Blüte.
Mögliche Krankheit: Hexenbesen
(*S. 68*).

Symptome: Teile von Ästen, Stäm-
men oder Zweigen sterben ab.
Mögliche Krankheiten: Blütenwelke
(*S. 111*), Krebswucherungen (*S. 68*),
Feuerbrand (*S. 111*).

Antherenbrand an Nelken

Monilia-Fruchtfäule

Hexenbesen

Vergleichen Sie auch:
Bakterienbrand des Steinobstes (*S. 124*)
Bakterienkrebs an Pappeln (*S. 75*)
Krebs, Triebsterben, Fäulnis an Rosen
(*S. 87*)
Obstbaumkrebs (*S. 123*)

Symptome: Äste sterben als Folge
von Stamm- oder Wurzelfäule ab.
Pilzliches Wachstum kann, muss
jedoch nicht erkennbar sein.
Mögliche Krankheiten: Rotpustel-
krankheit (*S. 67*), Grauschimmel
(*S. 41*), Hallimasch (*S. 43*), *Phytoph-
thora*-Fäule (*S. 42*), *Sclerotinia*-Fäule
(*S. 42*), holzzerstörende Pilze (*S. 69*).
Vergleichen Sie auch:
Grauschimmel an Erdbeeren (*S. 129*)
Päonienwelke (*S. 96*)
Robiniensterben (*S. 74*)
Rosen (*S. 86–87*)
Schimmel an Lavendel (*S. 131*)
Triebsterben an Wisterien (*S. 85*)
Tulpenfeuer (*S. 103*)
Wurzelfäule der Eiben (*S. 77*)

Symptome: Saftfluss an Trieben.
Mögliche Krankheiten: Krebswu-
cherungen (*S. 68*), Wurzelfäule.
Vergleichen Sie auch:
Bakterienbrand des Steinobstes (*S. 124*)
Hallimasch (*S. 43*)
Phytophthora-Fäule (*S. 42*)
Stammfäule an Rosskastanien (*S. 72*)

Symptome: Äste welken und sterben
unter Umständen ab. Gefäßbündel
sind braun verfärbt.
Mögliche Krankheit: Welkekrankheit.
Vergleichen Sie auch:
Fusarium-Welke (*S. 43*)
Ulmensterben (*S. 71*)
Verticillium-Welke (*S. 43*)

Symptome: Triebe sind mit schleimiger
Masse bedeckt und sterben irgend-
wann ab.
Mögliche Krankheit: Schleimfluss.
Vergleichen Sie auch:
Schleimfluss an *Clematis* (*S. 84*)

Symptome: Kleine braunschwarze
Schuppen haften der Borke an.
Manchmal klebriges Laub.
Möglicher Schädling: Schildläuse.
Vergleichen Sie auch:
Schildläuse an *Euonymus* (*S. 80*)
Schildläuse an Wisterien (*S. 85*)
Weiche Schildlaus (*S. 110*)
Weiche und Deckelschildläuse (*S. 137*)
Wollläuse an Hortensien (*S. 80*)
Wollläuse an Rosskastanien (*S. 72*)

Wurzeln, Knollen, Zwiebeln
Symptome: Wurzelfäule führt zum
Absterben von Ästen.
Mögliche Krankheiten: Hallimasch
(*S. 43*), *Phytophthora*-Fäule (*S. 42*).

Vergleichen Sie auch:
Rosen (*S. 86–87*)
Triebsterben an Wisterien (*S. 85*)
Umfallkrankheit (*S. 139*)
Veilchensterben (*S. 99*)
Wurzelfäule der Eiben (*S. 77*)

Symptome: Große, verholzte Gallen
an Wurzeln.
Mögliche Krankheit: Wurzelkropf
(*S. 68*).

Symptome: Wurzeln verdickt und
unförmig angeschwollen.
Mögliche Krankheit: Kohlhernie
(*S. 109*).

Symptome: Kleine Löcher in Knollen,
Zwiebeln oder anderem Wurzelge-
müse.
Mögliche Schädlinge: Schnecken
(*S. 34*), Drahtwürmer (*S. 108*).

Symptome: Wurzeln sind angefres-
sen, Pflanzen welken oft.
Möglicher Schädling: Drahtwürmer
(*S. 108*).
Vergleichen Sie auch:
Larven des Dickmaulrüsslers (*S. 33
und 138*)
Laubkäfer und Drahtwürmer (*S. 104*)

Vergleichen Sie ebenso: Zwiebeln,
Knollen, Wurzeln (*S. 100–103*)

Krebswucherung

Fruchtkörper des Hallimasch

Wurzelkropf

Schutz-maßnahmen für Pflanzen

Nicht alles im Garten ist hübsch. Früher oder später treten Krankheiten und Schädlinge auf. Manche kann man tolerieren, gegen andere muss man gleich vorgehen, damit sie sich nicht zum ernsten Problem auswachsen. Dafür gibt es verschiedene Maßnahmen, etwa den Einsatz von Fungiziden und Insektiziden, natürliche Feinde, Barrieren und Fallen. Die Ursache des Schadens sollte man genau kennen, um die richtigen Bekämpfungsmethoden zum richtigen Zeitpunkt einzusetzen. Viele Schädlinge lassen sich beim ersten Auftreten leicht abwehren, indem man etwa Blattläuse einfach abstreift. Pilzkrankheiten beugt das bloße Trockenhalten des Pflanzengewebes vor.

Synthetische Pflanzenschutzmittel

Wählen Sie Pflanzenschutzmittel immer passend zur Krankheit oder zum Schädling aus. Der Wirkstoff muss für die Kultur amtlich ausgewiesen sein.

Verwenden Sie Pestizide nur, wenn der Schaden bedeutsam ist und wenn andere Methoden (wie auf den Seiten 56–63 beschrieben) nicht viel bewirken.

Das richtige Mittel finden

Verwenden dürfen Sie nur Pflanzenschutzmittel, die gegen den Schädling oder die Krankheit in der bestimmten Kultur zugelassen sind. Der Einsatz nicht amtlich zugelassener Wirkstoffe ist ungesetzlich. Die Wirkstoffe Myclobutanil und Triticonazol sind zugelassen für die Bekämpfung von Rost an Zierpflanzen, man kann damit auch Echten Mehltau bekämpfen. Metiram wirkt gegen Rost und gegen Falschen Mehltau. Probieren Sie so ein Mittel zuerst an einigen Blättern aus, um Spritzschäden zu vermeiden.

Setzen Sie Pestizide nur bei Bedarf ein. Viele Krankheiten und Schädlinge lassen sich durch eine fachgerechte Kultur in Schach halten (siehe S. 6–23). Außerdem sollte man natürliche Gegenspieler fördern (siehe S. 60–63). Sie sind eine Alternative zu synthetischen Pflanzenschutzmitteln.

Aus pflanzlichen Wirkstoffen hergestellt sind Pyrethrine, Fettsäuren und vegetabile Öle (z. B. Rapsöl), Netzschwefel ist ein natürliches Mineral. Nach der Anwendung werden solche Mittel rasch in harmlose Verbindungen abgebaut.

Raupen absammeln Bei einem schwachen Befall ist das Absammeln von Raupen eine behutsamere Art der Bekämpfung als Spritzungen mit Insektiziden. Bei einem starken Befall kann man ein Kontaktinsektizid anwenden, etwa Pyrethrine oder an Zierpflanzen Thiacloprid.

Marienkäfer Sie sind die bekanntesten Blattlausräuber. Larven der Florfliege, Schwebfliegen, Kohlmeisen und einige Mücken fressen ebenfalls Läuse. Locken Sie Nützlinge an, indem Sie Vögel fördern und Brennnesseln wachsen lassen, die Sie im Frühjahr kurz schneiden.

Pflanzenschutzmittel ausbringen

Pestizide funktionieren auf unterschiedliche Weise. Für die Anwendung ist es wichtig zu wissen, ob das Mittel über direkten Kontakt wirkt oder über die Pflanze (systemisch).

Kontaktmittel Sie töten nur Pilze oder Insekten ab, die direkt von einem Sprühstrahl getroffen werden. Daher kommt es darauf an, die Pflanzen gründlich zu benetzen und Blattober- und -unterseite zu behandeln.

Systemische Pflanzenschutzmittel Sie werden von den Pflanzen aufgenommen und an andere, nicht behandelte Stellen vertrachtet. So greifen sie Pilze im Innern der Pflanzen an und erreichen auch saugende Insekten, an die man mit Kontaktmitteln nicht herankommt.

Vorbeugende Mittel Auf der Pflanzenoberfläche bilden sie eine Schutzschicht, sodass Pilze und Bakterien nicht eindringen können. Man muss sie gründlich ausbringen, bevor es zu einem Befall oder zu einer Infektion kommt. Einige systemische Mittel wirken zugleich vorbeugend.

Die meisten angebotenen Pflanzenschutzmittel haben ein breites Wirkungsspektrum. Dadurch sterben bei einer Insektizid-Anwendung die meisten Insekten, auch die nützlichen, ab. Halten Sie sich daher bei der Ausbringung strikt an die Herstelleranweisungen auf der Packung. Zu den Anwendungsformen zählen Gießmittel, konzentrierte oder gebrauchsfertige Spritzmittel, Stäube und Granulate.

Flüssigkeiten Konzentrate sind preisgünstig, doch man muss sie vor Gebrauch auf die benötigte Menge verdünnen und man braucht für das Ausbringen eine spezielle Ausrüstung. Für kleine Flächen sind fertig angemischte Lösungen in Spraydosen praktischer.

Stäube Nur wenige Kontaktmittel sind in Pulverform erhältlich. Sie hinterlassen zwar unansehnliche Spuren, aber man kann sie leicht auf die Zielorganismen ausbringen. Es geht wenig verloren, man wendet sie direkt aus der Dose an. Schwefelstaub tötet Keime des Echten Mehltaus.

Körner Gegen manche Schädlinge wirken bestimmte Granulate, zum Beispiel Schneckenkorn. Bei Ködern werden Giftstoffe unter Genießbares gemischt. Halten Sie sich genau an die Herstellerangaben auf der Packung, um Schäden an Haus- und Wildtieren zu vermeiden.

Pestizide im Einsatz

Achten Sie beim Einsatz von Pflanzenschutzmitteln auf möglichst geringe Auswirkungen auf die Umwelt. Die sichere Lagerung und die Entsorgung sind ebenfalls wichtig. Für eine zuverlässige Wirkung und Sicherheit befolgen Sie die Anweisungen auf der Packung. Sicherheitshinweise gilt es auch bei den verwendeten Geräten für den Pflanzenschutz zu beachten.

Pflanzenschutzmittel anwenden

Setzen Sie Pflanzenschutzmittel immer wie vorgeschrieben und in der vorgegebenen Konzentration an. Das kann für die Wirkung entscheidend sein. Halten Sie sich strikt an die Hinweise des Herstellers. Stellen Sie keine eigenen Mixturen her, denn viele Chemikalien vertragen sich nicht miteinander. Über aktuelle Zulassungen von Pflanzenschutzmitteln informieren die örtlichen Pflanzenschutzämter oder die Biologische Bundesanstalt in Braunschweig.

Abmessen Beim Herstellen von Verdünnungen aus Konzentraten füllen Sie besser Wasser aus einer Kanne ein, drehen Sie nicht einfach den Wasserhahn auf. Mischen Sie nicht mehr als benötigt an, sonst müssen Sie den Überschuss entsorgen.

Verdünnen Füllen Sie Wasser in das Spritzgerät, gießen Sie das Konzentrat darüber und ergänzen Sie dann mit Wasser, indem Sie den Messbecher ausspülen. Füllen Sie bis zum angestrebten Volumen auf und schließen Sie den Tank vor dem Vermischen.

Ausbringen Benetzen Sie an den Pflanzen Stängel, Knospen und beide Seiten der Blätter. Es sollte nicht zu viel abtropfen. Spritzen Sie in der Abenddämmerung oder früh am Morgen, bei Trockenheit und Windstille, um Schäden zu vermeiden.

Ausrüstung Sind nur kleine Flächen zu behandeln, etwa Pflanzen in einem Gewächshaus, sind Pestizide aus der Sprühdose vielleicht die beste Lösung. Günstiger kommt ein Hand-Sprühgerät, das man bei Bedarf nachfüllen kann. Für größere Flächen braucht es unter Umständen eine Spezialausrüstung, etwa Druckspeicher-Spritzgeräte. Für Gießbehandlungen von Erde erweisen sich Kannen mit Breitgießer-Aufsatz (*Bild*) als günstig. Alle Geräte für den Pflanzenschutz sollten deutlich beschriftet sein, man darf sie nicht anderweitig einsetzen. Nutzen Sie vor allem nicht dieselben Behälter für Herbizide und für den Insektizideinsatz, es könnte zu schweren Schäden kommen.

Lagerung Pflanzenschutzmittel hebt man am besten bei gleichbleibenden Temperaturen auf, möglichst nicht im Wohnhaus. Konzentrate lassen sich für zwei Jahre oder länger lagern, Verdünnungen verlieren ihre Wirksamkeit vielleicht schon nach 24 Stunden. Mischen Sie immer nur so viel an, wie Sie an einem Tag verbrauchen.

Sicherheit Geben Sie niemals überflüssige Pflanzenschutzmittel in Abwasserleitungen, Rinnsteine oder Wasserläufe. Wasser könnte verseucht werden, Tiere könnten Schaden nehmen. Lösen Sie statt dessen kleine Mengen auf, die Sie gemäß der Herstellerangaben auf zugelassenen Kulturen ausbringen. Spülen Sie leere Behälter zum Schluss aus und fügen Sie die Spüllösung der letzten Ladung Spritzmittel bei. Überflüssige Pflanzenschutzmittel und Lösungen gehören in den Sondermüll. Erlischt die Zulassung von Pflanzenschutzmitteln, darf man vorhandene Bestände noch für zwei Jahre nach Ende des letzten Zulassungsjahres verwenden. Nähere Auskunft erteilen die Pflanzenschutzämter oder die Abfallwirtschaftsbehörden. Lassen Sie sich beraten, wenn Sie größere Mengen an Pflanzenschutzmitteln entsorgen wollen. Zu Ihrer eigenen Sicherheit: Mischen Sie niemals verschiedene Produkte, es könnte zu ungeahnten Wechselwirkungen kommen.

Wegschließen Lagern Sie Pflanzenschutzmittel an einem kühlen, dunklen Ort, außerhalb der Reichweite von Kindern, geschützt vor Tieren. Gut eignen sich Schuppen und Garage, meiden Sie Plätze im Haus. Lassen Sie Pestizide in der Originalverpackung, fest verschlossen und etikettiert.

Handschuhe tragen Achten Sie darauf, nichts zu verlieren, und tragen Sie Handschuhe beim Umgang mit Pestiziden. Waschen Sie versehentliche Spritzer auf die Haut sofort ab. Seien Sie besonders vorsichtig mit Mitteln, die als »ätzend« oder »reizend« gekennzeichnet sind.

Gerätschaften reinigen Waschen Sie Gießkannen und Spritzgeräte nach Gebrauch gründlich aus. Sogar kleine Reste von Herbiziden können Pflanzen schädigen. Entsorgen Sie auch die Spüllösung über den Sondermüll, sie darf nicht in die Kanalisation oder in Wasserläufe gelangen.

Mechanische Abwehrmittel: Fallen

Mit Fallen kann man entweder die Anzahl von Schädlingen senken oder das Auftreten eines Schädlings deutlich machen, um im richtigen Moment Maßnahmen ergreifen zu können.

Fallen aufstellen

Innerhalb von Gärten kann man mit Fallen erfolgreich gegen wirbellose Tiere wie Schnecken und einige Säugetiere vorgehen. Will man Ratten, Mäuse, Wühlmäuse, Eichhörnchen oder Kaninchen fangen, muss man das Verhalten und die Lebensweise der Tiere ein wenig kennen, eine sorgfältige Platzierung an häufig besuchten Plätzen erhöht die Erfolgschancen beträchtlich. Manche Fallen sind so konstruiert, dass sie das Tier töten, in anderen werden die Tiere lebend gefangen, damit man sie woanders wieder freilassen kann. Dafür sollte man nicht gerade zart besaitet sein. Das Fangen und Verwerfen von Wirbellosen ist dagegen eine vergleichsweise einfache Angelegenheit.

Klebfallen An Gelbtafeln, die mit einer nicht trocknenden Klebeschicht überzogen sind, bleiben im Gewächshaus Schädlinge wie Weiße Fliege, Thripse und Trauermücken hängen. Damit kann man einen Befall frühzeitig erkennen und rechtzeitig natürliche Gegenspieler einsetzen.

Leimringe Bringen Sie im Herbst Leimringe rund um die Stämme und Stützpfähle von Obstbäumen an. Die flügellosen Weibchen des Frostspanners schlüpfen im Boden aus ihren Puppen und kriechen zur Eiablage den Stamm hoch. Die Leimringe halten einen Teil der Weibchen davon ab.

Schneckenfallen Schnecken verstecken sich tagsüber an dunklen feuchten Stellen. Legt man Pappkarton, Dachziegel oder Fliesen aus, bietet man Verstecke, von denen man die Schnecken absammeln kann. Schnecken ertrinken auch in mit Bier gefüllten, in die Erde eingesenkten Bechern.

Wespenfallen Wespen werden von Süßem angelockt, besonders im Hoch- und Spätsommer. Eine Falle entsteht, indem man ein Marmeladenglas mit Wasser und Marmelade füllt. Bedecken Sie es oben mit Papier, das in der Mitte ein 1 cm großes Loch aufweist. Die Wespen ertrinken darin.

Pheromonfallen Pheromone werden von Insekten ausgeschieden, um Geschlechtspartner anzulocken. Beim Apfelwickler nutzt man die Fallen, um die Flugzeit zu bestimmen und Spritzungen gegen geschlüpfte Raupen dann pünktlich einsetzen zu können. Nur die Männchen werden gefangen.

Wühlmausfallen Zum Fangen von Wühlmäusen gibt es unterschiedliche Modelle. Setzen Sie die Falle in den Gang, decken Sie sie gut mit Erde zu und kontrollieren Sie mindestens einmal am Tag. Schiebt die Wühlmaus Erde in die Falle, müssen Sie sie an eine andere Stelle umsetzen.

Kaninchenfalle Möhren locken Kaninchen an. Eine Fangjagd darf aber in den meisten Bundesländern nur mit Erlaubnis der Jagdbehörden durchgeführt werden und das Aussetzen lebend gefangener Tiere in der Wildnis ist nicht erlaubt. Versuchen Sie es also lieber mit Vorbeugung.

Mechanische Abwehrmittel: Barrieren und Abschreckung

Mithilfe physikalischer Barrieren kann man Schädlinge fernhalten. Sie schirmen die Pflanzen entweder vollkommen ab oder Angreifer kommen über die Oberfläche nicht hinweg.

Barrieren sinnvoll einsetzen

Sie verschönern nicht unbedingt den Garten, doch Barrieren schützen Pflanzen recht zuverlässig vor Schädlingen. Man setzt sie bevorzugt in Gemüsebeeten ein, weniger in Blumenrabatten. Barrieren schützen Pflanzen, die sich in einem empfindlichen Entwicklungsstadium befinden, wie Sämlinge, junge Setzlinge, Neuaustrieb von Stauden, frisch gesetzte Pflanzen. Haben sie einen gewissen Zuwachs erreicht und konnten sie einwurzeln, kann man den Schutzschild meistens ohne Gefahr entfernen. Lassen Sie Pflanzen nicht zu lange abgedeckt, denn bei Lichtmangel bilden sich lange dünne Triebe und weiches Gewebe. Die Pflanzen können auch einfach zu groß werden. Zu dichtes Wachstum stellt ebenfalls eine Gefahr dar.

Kupferband Schnecken haben eine Abneigung gegen Kupfer. Ein Kupferband rund um einen Kasten oder Topf hält sie ab, sie queren es nicht. Ebenso wehrt es Schnecken ab, wenn man Pflanzgefäße auf ein mit Kupfersalzlösung getränktes Vlies stellt.

Baummanschetten Kaninchen nagen vor allem im Winter an der Borke von Baumstämmen und Ästen von Sträuchern. Wenn ein Großteil der Borke verloren geht, kann die Pflanze absterben. Mit einer bodennahen Ummantelung oder Kunststoffspirale kann man Gehölze schützen.

Flechtkörbe Frisch gesetzte Pflanzen sind bei Kaninchen beliebt. Zum Schutz kann man Körbe aufstellen oder ein Drahtnetz ausbreiten. Dies ermöglicht das Anwachsen, die Pflanzen überstehen es später, nachdem der Schutz abgenommen ist, besser, wenn Kaninchen daran knabbern.

Schutz für Jungpflanzen Sämlinge sind bei Schnecken besonders beliebt. Man kann aber die jungen Pflanzen mit Hauben schützen, die man aus Kunststoffflaschen herstellt, indem man Schraubverschluss und Boden entfernt. Man muss die Hauben nur rechtzeitig wieder wegnehmen.

Engmaschige Netze Kulturschutznetze schützen Möhren, Kohlgewächse und Zwiebeln vor Gemüsefliegen, weil die Weibchen zur Eiablage nicht mehr an die Pflanzen herankommen. Die lichtdurchlässigen Netze können bis zum Herbst über den Kulturen bleiben.

Kragen für den Kohl Kohlfliegen legen ihre Eier im Boden nahe dem Wurzelhals der Wirtspflanzen ab. Gekaufte oder selbst gemachte, etwa 12 cm große Krägen schützen den Stängelgrund vor der Eiablage. Die Eier auf dem Kragen vertrocknen und es schlüpfen keine Larven.

Vogelscheuchen Im Garten sehen sie lustig aus, doch nutzen sie wenig, wenn sie Vögel und andere Schädlinge abschrecken sollen. Da von ihnen keine wirkliche Gefahr ausgeht, gewöhnen sich Vögel, Kaninchen und Rehe schnell daran und ignorieren sie.

Nützlinge

Nicht alle Insekten im Garten muss man als Schädlinge einstufen. Manche sind sogar nützlich, weil sie Pflanzen bestäuben oder Schadtiere bekämpfen.

Wann ist ein Schädling nicht schädlich?

Die meisten Früchte im Obstgarten bilden sich aus Blüten, die mit dem Pollen einer anderen Blüte bestäubt wurden. Um Samen zu bilden, sind auch Gemüse- und Zierpflanzen auf Bestäubung angewiesen. Viele Insekten übernehmen diese Aufgabe, doch Bienen arbeiten am effizientesten.

Tiere werden zu Schädlingen, wenn ihre Anzahl im Garten so überhand nimmt, dass sie sich nachteilig auf die Pflanzen auswirken. Fehlen natürliche Schranken wie Fraßfeinde, Parasiten und Krankheiten, vermehren sich Schädlinge rasch. Zum Glück findet sich in den Gärten eine ganze Reihe großer und kleiner Tiere, die Schädlinge vertilgen. Solche Nützlinge können nicht immer einen Befall verhindern, doch ohne sie wäre die Situation viel schlimmer. Die höchste Wirksamkeit erzielen Räuber oder Parasiten, wenn sie sich gegen bestimmte Arten richten.

Hummeln
Diese sozial lebenden Insekten bauen ihre Nester meist unter der Erde, manchmal aber auch darüber oder in Nistkästen. Im Garten sind sie wertvoll, weil sie noch bei widriger Witterung für Bestäubung sorgen, wenn Honigbienen nicht fliegen. In jedem Nest leben eine Königin und bis zu 200 Arbeiterinnen. Die Königin legt im Spätfrühling das Nest an. Männchen und Königinnen für das nächste Jahr entwickeln sich im Spätsommer, danach stirbt das Volk. Nur junge Königinnen überwintern.

Honigbienen
Wie die Hummeln leben sie in Völkern mit bis zu 60000 Arbeiterinnen, an deren Spitze die Königin steht. Imker halten diese Insekten in Bienenkörben oder -kästen. Den Winter überdauert das ganze Bienenvolk, dadurch steht im Frühjahr eine große Anzahl von Arbeiterinnen parat, um für die Bestäubung an blühenden Obstbäumen zu sorgen. Honigbienen erfüllen nicht nur ihre Aufgabe als Pollenüberträgerinnen, sie versorgen uns obendrein mit anderen Produkten wie Honig und Bienenwachs.

Florfliegen

Manche der 8–22 mm langen Arten haben grüne Körper, andere sind braun oder schwarz. Die ausgewachsenen Tiere ernähren sich von Pollen und Nektar, während die Larven in Massen Blattläuse und andere kleine Insekten vertilgen. Florfliegen haben lange, fädige Antennen und hübsche, geaderte, durchsichtige Flügel. Die langgestreckten Larven besitzen als Mundwerkzeuge kräftige Saugzangen, mit denen sie ihre Beute zerlegen. Die Larven mancher Arten verhüllen sich selbst, indem sie ihre Körper mit ausgesaugten Blattlaushäuten bedecken.

Larven der Schwebfliegen

Die fußlosen Maden sind abgeflacht und bis zu 12 mm lang. Man findet sie oft während des Sommers an Pflanzen mit Blattlausbefall. Eine einzelne Larve kann 600 Blattläuse im Verlauf ihrer Entwicklung vertilgen. Die Färbung der erwachsenen Schwebfliegen ist oft vorwiegend schwarz mit gelben Streifen oder anderem Muster auf dem Hinterleib. Der Name bezieht sich auf ihre Fähigkeit, im Flug verharren zu können. Erwachsene Schwebfliegen ernähren sich wie Florfliegen von Nektar und Pollen.

Raubwanzen

Diese nützlichen Insekten, die zu den Blumenwanzen zählen, sind 3–5 mm lang. Die Erwachsenen und ihre Larven stechen mit ihren rüsselartigen Mundwerkzeugen in Eier oder in die Körper kleiner Insekten oder Milben, um sie auszusaugen. Vom Frühjahr bis zum Herbst sind sie aktiv und verbringen den Winter versteckt an geschützten Stellen. Manche Arten leben vorwiegend an Bäumen und ergeben wertvolle Gegenspieler zu Schädlingen an Obstgehölzen wie Blattläuse, Blattsauger und Spinnmilben.

Nützlinge *Fortsetzung*

Frösche und Kröten

Diese Amphibien fressen eine ganze Reihe von Insekten, Schnecken, Asseln und anderes Kleingetier. Sie sind von Frühjahr bis Herbst vorwiegend nachts aktiv. Ein Gartenteich bietet ihnen einen Platz, an dem sie im Frühjahr ihre Eier ablegen können.

Marienkäfer

Sowohl die erwachsenen Käfer wie die Larven zählen zu den Nützlingen. Viele Marienkäfer fressen Blattläuse, doch andere vertilgen vorwiegend Schildläuse, Wollläuse oder Spinnmilben. Die Käfer sind oft rot oder gelb und haben unterschiedlich viele schwarze Punkte, andere Arten sind braun oder orangefarben und haben weiße Punkte. Die schwarzen, bis zu 12 mm langen Larven sind weniger auffällig orangefarben oder weiß gezeichnet. Eine Marienkäferlarve frisst in ihrem Leben bis zu 500 Blattläuse und ebenso viele verzehren die erwachsenen Tiere.

Spitzmäuse

Diese kleinen Säugetiere sieht man selten, denn sie sind nachtaktiv. Sie vertilgen Insekten, Spinnen, Würmer und Schnecken in großer Zahl. Die Schnauze von Spitzmäusen hat charakteristische Punkte, das unterscheidet sie von gleich großen Mäusen.

Hundertfüßer

Die rötlich braunen oder blassgelben Insekten haben langgestreckte segmentierte Körper. Jedes Segment besitzt ein einzelnes Beinpaar, im Gegensatz zu den Tausendfüßern, die an jedem Segment zwei Beipaare haben. Das erste Beinpaar ist nach vorne gekrümmt und als Kieferfüße ausgebildet. Manche Hundertfüßer befinden sich an der Bodenoberfläche und jagen dort kleine Tiere. Andere Arten dagegen leben in der Erde, diese haben viel längere und schmalere Körper.

Singdrosseln

Sie fressen Würmer, Insekten und Beeren, doch ebenso vernichten sie im Garten große Mengen an Schnecken, besonders in der Zeit, wenn sie die Nestlinge füttern. Die Singdrossel hält ein Schneckenhaus im Schnabel und schleudert es gegen einen Stein, um es aufzubrechen. Durch dieses Verhalten und durch ihren Gesang sind Singdrosseln willkommene Gartenbewohner. Sie bauen Nester in Bäumen und Sträuchern und können zweimal im Sommer eine Brut mit drei bis fünf Nachkommen großziehen.

Biologischer Pflanzenschutz

Zur Schädlingsbekämpfung werden
auch natürliche Feinde eingesetzt. Man
kann Fressfeinde, Parasiten oder Nematoden zu diesem Zweck erwerben.

Nützlinge Marienkäfer, Schwebfliegenlarven und Florfliegen fangen ihre Beute und töten sie schnell.

Parasitische Wespen und Fliegen Sie legen Eier auf
oder in den Körper geeigneter Insekten oder wirbelloser
Tiere. Die frisch geschlüpften Larven beeinträchtigen
den Wirt noch wenig, er frisst und wächst weiter. Unter
Umständen zerstört der Parasit aber die lebenserhaltenden
Organe, und in diesem Moment stirbt der Wirt, die parasi-
tischen Larven schlüpfen und verpuppen sich.

Pathogene Nematoden Die mikroskopisch kleinen
Fadenwürmer dringen in die Körper von Schädlingen ein,
die vorwiegend im Boden leben. Die Nematoden setzen
Bakterien frei, die eine tödliche Krankheit hervorrufen.
Nematoden kann man einsetzen gegen Dickmaulrüssler,
Laubkäfer, Schnakenlarven und Schnecken.

Schlupfwespe bei der Eiablage

Parasitische Wespen wie *Aphidius*- oder *Praon*-Arten legen
einzelne Eier in die Körper junger Blattläuse. Diese fressen
und wachsen weiter, können sich aber nicht mehr vermehren. Die Schlupfwespenlarven entwickeln sich im Innern
der Blattlaus und können sie abtöten. Parasitierte Blattläuse
werden braun oder schwarz, sie blähen sich vor dem Tod
auf. Die Wespen verpuppen sich darin oder darunter.

Pathogene Nematoden

Die mikroskopisch kleinen Fadenwürmer oder Älchen
werden in den Boden oder in Topfsubstrat geschwemmt,
um Schädlinge zu bekämpfen. Man setzt unterschiedliche Arten gegen Schnecken, Dickmaulrüsslerlarven oder
Larven von Laubkäfern oder Schnaken im Rasen ein. Die
Nematoden, die eine tödliche Bakterieninfektion übertragen, müssen in feuchte Erde eingebracht werden. Die
Bodentemperaturen müssen für eine Aktivität der Nematoden zwischen Frühjahr und Herbst hoch genug sein.

Räuberische Gallmücken

Die orangefarbenen, bis zu 3 mm langen Larven der
winzigen Gallmücke *Aphidoletes aphidimyza* ernähren sich
von Röhrenläusen. Sie stechen ihre Mundwerkzeuge in
die Austrittsstellen der Beine und saugen den Körperinhalt
aus. Jede Mückenlarve zerstört etwa 60 Blattläuse, bevor
sie sich zum Verpuppen in den Boden zurückzieht. Diesen
Nützling kann man für die Verwendung im Gewächshaus
kaufen, doch Gallmücken kommen während des Sommers
auch an blattlausinfizierten Pflanzen im Garten vor.

Gehölze

Bäume kann man oft schlecht gegen Krankheiten und Schädlinge behandeln, einfach ihrer Größe wegen. Allerdings lassen sich viele Probleme, die an jungen Gehölzen auftreten, verhindern (oder eindämmen), indem man für Sauberkeit sorgt und allen Störungen sofort begegnet, sobald sie auftreten. Das Gleiche gilt für Sträucher und Klettergehölze. Voraussetzung ist allerdings, dass Sie die Pflanzen regelmäßig und zur richtigen Zeit nach Bedarf schneiden, um den Befallsdruck zu lindern.

Gehölze: Verbreitete Krankheiten und Schädlinge

Die auf dieser und der nächsten Doppelseite beschriebenen Krankheiten und Schädlinge treten an vielen verschiedenen Gehölzarten auf. Wirtsspezifische Plagen werden danach beschrieben.

Eingeteilt ist dieses Kapitel in:

Gallmilben Diese winzigen Spinnentiere verursachen untypisches Wachstum oder Gallen auf Blättern und Knospen. Aufgrund ihrer Saugtätigkeit entstehen übergroße Knospen oder auf den Blättern pelzige Gallen, Pusteln oder zylindrische Wucherungen (Stiftgallen). Es kann auch zu verdickten und gekräuselten Blatträndern kommen.

Schildläuse Diese saugenden Insekten findet man auf Stechpalmen, Rhododendren, Kamelien und anderen immergrünen Sträuchern. Auf den Ausscheidungen an den

Obwohl Gallen auf Blättern und Knospen übel aussehen, beeinträchtigen Gallmilben die Pflanzen kaum.

Frisch geschlüpfte Larven von Schildläusen kann man mit einem zugelassenen Insektizid im Frühsommer bekämpfen.

Schmetterlingsraupen kann man manchmal von Hand absammeln. Bei einem schweren Befall muss man mit einem Insektizid spritzen.

Blattoberflächen bildet sich Rußtau. Die erwachsenen Tiere sind 3–4 mm lang und die Weibchen legen Eier in langgestreckten, wachsartigen Bändern an der Blattunterseite ab.

Schmetterlingsraupen Die Larven vieler Falter fressen am Laub von Gehölzen. Beispiele sind der Mondvogel (*linke Seite, unten rechts*), Goldafter, Schwan und Ringelspinner. Manche Larven, wie jene des Blausiebs, legen Fraßgänge in Stämmen und Ästen an.

Tannenläuse Diese kleinen Pflanzensauger treten nur an Nadelbäumen auf, vor allem an Fichten, Tannen, Kiefern und Lärchen. Die Insekten sind von watteartigen Wachsfasern bedeckt oder leben in Gallen (Fichtengallenläuse). Kleine Gehölze kann man im frühen Frühjahr, wenn die Läuse aktiv werden, mit geeigneten Insektiziden behandeln. An hohen Bäumen muss man die Tiere tolerieren.

Rotpustelkrankheit Der Pilz *Nectria galligena* ruft die Krankheit hervor, die man häufig an abgestorbenen Ästen sieht. Die Krankheit macht gestressten Pflanzen zu schaffen, bei feuchter Witterung erscheinen kleine rosa oder rote Fruchtkörper an der Borke. Der Erreger tritt über Wunden in die Pflanzen ein und kann ganze Äste schnell abtöten. Häufig befallen werden Magnolien, Ölweiden, Ahorne, Stachelbeeren und Schwarze Johannisbeeren.

Tannen- und Fichtengallenläuse schädigen ausgewachsene Bäume kaum, doch bei kleineren Gehölzen sollte man dagegen vorgehen.

Um die Eintrittspforten für die Rotpustelkrankheit zu begrenzen, sollte man abgestorbenes Holz sorgfältig ausschneiden.

Gehölze: Verbreitete Krankheiten und Schädlinge *Fortsetzung*

Hexenbesen Eine ungewöhnlich dichte Verzweigung rührt meist von einer Pilzinfektion her, was zum Nachlassen der Blüte führen kann. Verschiedene Gehölze können betroffen sein wie Birken, Kirschen, Tannen und Weiden.

Krebswucherungen Massiver Schaden durch diese toten Bereiche an Stämmen und Ästen entsteht, wenn Borke großflächig zerstört wird und der Befall einen Leittrieb umfasst. Ist der Stamm betroffen, stirbt das Gehölz ab. Beispiele für Krebserkrankungen an Zypressengewächsen sind der Zypressenkrebs (Erreger *Coryneum cardinale*) oder das *Phomopsis*-Triebsterben. Der Obstbaumkrebs befällt vorwiegend Äpfel und Birnen, tritt jedoch ebenso an Buchen, Ebereschen, Erlen und Stechpalmen auf.

Wurzelkropf Diese von Bakterien hervorgerufene Wucherung tritt an vielen Pflanzen auf, vorwiegend an Obstbäumen, Brombeeren und Himbeeren. Die Pflanzen kümmern, bei näherer Betrachtung entdeckt man am Stammgrund eine große verholzte Anschwellung. Das bodenbürtige Bakterium infiziert Wurzeln oder den Stamm. Setzen Sie keine infizierten Pflanzen.

Hexenbesen verringern die Blühfähigkeit der Pflanze, man kann sie aber durch Ausschneiden entfernen.

Bei den meisten Krebserkrankungen verzögert ein beherztes Ausschneiden der Äste weit unter der infizierten Borke die Entwicklung.

Ist Wurzelkropf an einem Standort aufgetreten, sollte man hier erst einmal Kartoffeln anbauen und keine anfälligen Arten nachpflanzen.

Durch das Entfernen des Fruchtkörpers eines holzzerstörenden Pilzes kann man die ohnehin gut manifestierte Krankheit nicht aufhalten.

Holzzerstörende Pilze Manche der vielen Fäulniserreger unter den Pilzen führen zu Absterbe-Erscheinungen an den Triebspitzen, wenn Sporen über Wunden im Geäst eindringen. Andere bewirken Fäulnis an Wurzeln oder am Wurzelhals, was sich mitunter als spärliche Verzweigung oder vorzeitiger Blattfall bemerkbar macht. Oft erkennt man den Erreger erst, wenn Fruchtkörper erscheinen. Sie sind gewöhnlich konsolenförmig, doch treten ebenso Hutpilze, schleimige Fruchtkörper oder Krusten auf. Ein Baumpfleger kann die Sicherheit eines Baumes abschätzen.

Schorf Verschiedene Baumarten werden von Schorf befallen, hervorgerufen durch pilzliche Krankheitserreger. Am augenfälligsten ist der Schorf an Apfel- und Birnbäumen, er tritt aber auch an Spindelsträuchern, Eberesche, Weißdorn und gelegentlich an Feuerdorn auf. Andere Pilzarten verursachen Schorf an Weiden, Feuerdorn, Oliven und Japanischer Wollmispel. Als Symptome sieht man dunkelgrüne Flecken auf den Blättern, das Gewebe kann absterben. Erkrankte Blätter fallen vorzeitig ab, die Früchten zeigen dunkle, eingesunkene Stellen. Wiederholte Infektionen führen zu schwachem Wuchs und Absterbe-Erscheinungen an den entlaubten Bäumen. An Apfel- und Birnbäumen kann man gegen die Krankheit vorgehen, indem man ein Fungizid zum richtigen Zeitpunkt spritzt. Es gibt auch Sorten, die resistent gegen Schorf sind.

Tritt Schorf auf, sollten Sie abgefallene Blätter ganz aus dem Garten entfernen. Bei feuchter Witterung kann man mit Fungiziden spritzen.

Bäume

Manche Krankheiten und Schädlinge, die an Bäumen auftreten, sind sehr bekannt, weil diese großen Gewächse unsere Kulturlandschaft prägen.

Wenn Schäden auftreten an
- Ahornen: siehe Schildläuse an Hortensien und Wisterien (*S. 80 und 85*)
- Weißdorn und Ebereschen: siehe Kirschblattwespe (*S. 123*)
- Linden und Berg-Ahorn: Napfschildläuse an Rosskastanien (*S. 72*)

Siehe auch
- Gehölze: Verbreitete Krankheiten und Schädlinge (*S. 66–69*)
- Kenne Deinen Feind: Krankheiten und Schädlinge (*S. 26–43*)
- Frostspanner (*S. 110*)

Blattflecken an Erdbeerbaum

Verschiedene Pilzkrankheiten rufen Blattflecken am Erdbeerbaum hervor (*siehe S. 40*), einschließlich *Septoria unedonis*. Der Erreger *Elsinoë mattirolianum* kann gravierenden Schaden anrichten. Als einzige Gegenmaßnahme empfiehlt es sich, alles Falllaub zu entfernen, um Neuinfektionen zu vermeiden. Abgestorbene Zweige bis ins gesunde Holz zurückschneiden.

Wollschildläuse an Buchen

Das Laub von Buchen wird im Spätfrühling und Sommer von dichten hellgelben Läusen besetzt, die von weißen Wachsausscheidungen bedeckt sind. Die Blattoberfläche wird vom ausgeschiedenen Honigtau klebrig. Nur Hecken und kleine Bäume lassen sich behandeln. Sobald die Läuse auftauchen, kann man mit geeigneten Insektiziden spritzen.

Gallmilben an Ahornen

Die winzige Milbe lebt auf den Blättern von Feld- und Berg-Ahorn sowie auf Japanischen Fächer-Ahornen. Sie saugt an der Blattunterseite und regt die Bildung hohler, roter Stiftgallen auf der Blattoberseite an. Während des Sommers lebt und ernährt sich die Milbe im Innern der Galle. Es entsteht kein ernsthafter Schaden, daher erübrigt sich eine Bekämpfung.

Teerfleckenkrankheit an Ahornen

Der Pilz *Rhytisma acerinum* verursacht diese Krankheit. Als Symptome erscheinen große schwarze Flecken auf den Blättern, die leicht erhöht sind und glänzen. Jede Infektion geht von Sporen aus, die sich im Jahr zuvor gebildet haben und die auf Falllaub überwintern konnten. Teerflecken entstehen hauptsächlich am Berg-Ahorn, doch auch andere *Acer*-Arten können betroffen sein. Glücklicherweise beeinträchtigt die Krankheit die Wuchskraft des Baumes kaum. Es gibt keine geeigneten Fungizide zur Bekämpfung. Werden infizierte Blätter (die unter Umständen vorzeitig abfallen) aus dem Garten entfernt (*siehe S. 18*), kann man die Gefahr von Neuinfektionen im nachfolgenden Jahr senken.

Blattsauger an Eukalyptus

Zweigspitzen und junge Blätter sind von grauen oder orangefarbenen, abgeflachten Larven besetzt, die an den Pflanzen saugen. Häufig entwickelt sich ein graugrüner Pilzbelag auf den klebrigen Ausscheidungen des Insektes und stark befallene Triebe können absterben. Kleine Bäume, die man noch spritzen kann, behandelt man frühzeitig mit Insektiziden.

Gallwespen an Eukalyptus

Das winzig kleine schwarze Insekt legt seine Eier im Frühsommer in Eukalyptus-Blätter ab, woraufhin sich kleine rötliche Pusteln entwickeln. Jede dieser Gallen, die später graubraun werden, birgt eine Larve. Stark befallene Blätter können vorzeitig abfallen und bevor die erwachsenen Gallwespen schlüpfen, muss man die abgefallenen Blätter unbedingt entfernen.

Ulmensterben

Als erstes Anzeichen verbräunen und vergilben die Blätter. Die betroffenen Äste sterben von der Triebspitze her ab, das verfärbte Laub fällt zu Boden. Während der Baum abstirbt, breiten sich die Symptome aus. Zwei pilzliche Erreger lösen das Ulmensterben aus, sie werden vom Ulmensplintkäfer übertragen. Erkrankte Bäume durch widerstandsfähigere Sorten ersetzen.

Blattflecken an Hartriegel

Die Pilzkrankheit ruft braune Flecken auf den Blättern hervor, oft mit einem rötlichen Rand und umgeben von einem gelblichen Ring. Die Flecken können sich ausdehnen, die Blätter kräuseln sich, Zweige können absterben. Der Blattfall setzt im Herbst sehr früh ein. Man muss ausschneiden und befallene Pflanzenteile entfernen. Die Bäume können sich erholen.

Gallmilben an Ulmen

Im Spätfrühling entstehen an der Blattoberfläche von Ulmen erhabene harte Schwellungen, hervorgerufen von mikroskopisch kleinen Gallmilben, die in den Gallen leben. Die Gallmilben überwintern unter Knospenschuppen. Abgesehen von den Gallen entsteht kein ernst zu nehmender Schaden am Baum. Eine wirkungsvolle Bekämpfung ist nicht möglich.

Bäume *Fortsetzung*

Stammfäule an Rosskastanien

An der Rinde tritt Saft aus, die Bäume sterben ab. Früher hat man den Pilz *Phytophthora* (*siehe S. 42*) als Ursache angesehen, doch neueste Erkrankungen gehen auf ein Bakterium zurück. Schneiden Sie betroffene Stellen nicht aus, denn dadurch entstehen nur neue Eintrittspforten. Erkrankte Bäume sind ein Sicherheitsrisiko, doch sie können sich erholen.

Blattflecken an Rosskastanien

Der Pilz *Guignardia aesculi* ruft diese Krankheit hervor. Es entstehen ab dem Hochsommer unregelmäßige Flecken, die oft von einem gelben Streifen umgeben sind. Die Blätter können welken und vorzeitig abfallen. Da der Schaden erst spät in der Wachstumszeit auftritt, wird die Konstitution des Baumes im Normalfall nicht beeinträchtigt.

Miniermotten an Rosskastanien

Winzige Raupen fressen innerhalb des Blattgewebes und lassen weiße oder braune Fraßgänge entstehen. Mindestens drei Generationen entwickeln sich und gegen Sommerende hat sich der überwiegende Teil des Laubes braun verfärbt. Eine Bekämpfung ist wegen der Größe der Bäume nicht möglich. Der Befall entstellt die Bäume, tötet sie jedoch nicht ab.

Wollläuse an Rosskastanien

Im Frühsommer legen die Weibchen dieses saugenden Insekts ihre Eier an der Borke von Rosskastanien, Linden, Berg-Ahornen und anderen *Acer*-Arten ab. Die Eier liegen unter Wachsausscheidungen, die den braunen Schild verdecken. Spritzungen kleiner Bäume im Hochsommer mit einem zugelassenen Insektizid erreichen die frisch geschlüpften Larven.

Gallmilben an Linden

Im Sommer werden 3–5 mm lange, gelblich grüne oder rote Wucherungen auf der Oberfläche von Lindenblättern sichtbar. In den hohlen Gallen leben winzige Milben, die durch ihre Saugtätigkeit die Gallenbildung angeregt haben. Es entsteht kein nennenswerter Schaden und da es keine sinnvolle Bekämpfungsmethode gibt, muss man die Milbe wohl tolerieren.

Miniermotten an Stein-Eichen

Zwei verschiedene Arten von Miniermotten befallen Stein-Eichen. Die stärker verbreitete Art verursacht lang gestreckte Flecken, in denen die Raupen das innere Gewebe herausgefressen haben.

Die andere Art ruft geschlängelte Gangminen hervor. Keine von beiden lässt sich effektiv bekämpfen, man muss sie tolerieren.

Eichenprozessionsspinner

Die gesellig lebenden Raupen dieses Nachtfalters sind mit grauen Haaren bedeckt, die im Kontakt mit der menschlichen Haut Reizungen hervorrufen. Allergische Reaktionen können auch zu Asthmaanfällen führen. Die Raupen fressen von Spätfrühling bis Frühsommer an Eichen und anderen Laubbäumen, was eine starke Entlaubung zur Folge haben kann, die vor allem für jüngere Bäume bedrohlich ist. Der Schädling tritt erst seit Beginn des Jahrhunderts verstärkt in Deutschland auf und eine weitere Verbreitung ist anzunehmen. Die Bekämpfung sollte ein Fachbetrieb übernehmen, dessen Mitarbeiter über eine gute Schutzkleidung und Atemschutz verfügen. Nester werden im Hochsommer abgesaugt oder verbrannt.

Gallwespen an Eichen

Mehr als 30 Arten von Gallwespen kommen an heimischen Eichen vor. Ihre Larven bewirken anormales Wachstum auf Blättern, Knospen, Blüten, Früchten, Wurzeln und Stämmen. Linsenförmige Gallen oder Seidenknopfgallen mit eingedellter Mitte (*oben*) erscheinen auf den Blättern im Spätsommer. Keine der Gallwespen ruft ernsthaften Schaden hervor.

Gallwespen an Ahornen

Das Weibchen legt ihre Eier im Frühsommer ab, sobald die Eicheln entstehen. Die Larven entwickeln sich im Innern der Eicheln und regen die Bildung einer geriffelten Galle an, die sich bis Sommerende entwickelt und die Eichel ganz oder teilweise ersetzt. Abgesehen davon dass die Samen der Eiche vernichtet werden, stört die Gallwespe nicht weiter.

Echter Mehltau an Eichen

Verschiedene Erreger können diese Krankheit hervorrufen, bei der ein dünner weißer, pudriger Belag die Blätter überzieht, manchmal sterben Teile des Blattes ab. Das Laub fällt vorzeitig ab, doch wird die Wuchskraft ausgewachsener Bäume kaum beeinflusst. Der Einsatz von zugelassenen Fungiziden erübrigt sich, es sei denn, man will junge Bäume schützen.

Bäume *Fortsetzung*

Gallmilben an Ebereschen

Im ausgehenden Frühjahr entstehen auf den Blättern weißlich grüne Flecken, an denen sich winzige Milben im Gewebe ernähren. Die Flecken verdunkeln sich und bis zum Hochsommer weisen die Blätter viele braune Stellen auf. In Jahren, in denen die Gallmilbe verstärkt auftritt, können die Bäume recht ungesund aussehen, doch sie werden es überleben.

Gallmilben an Walnussbäumen

Im Sommer bilden sich auf der Oberseite der Blätter aufgeblasene Stellen. Die entsprechenden Bereiche der Blattunterseite sind mit cremeweißen Härchen bedeckt, zwischen denen die winzigen Milben leben. Sieht man von der Bildung der Gallen ab, beeinflussen die Milben weder das Wachstum des Baumes noch seine Fähigkeit, Nüsse auszubilden.

Blattbräune an Platanen

Die Sporen dieser Krankheit brauchen Nässe, um zu keimen. Sie werden über spritzende Regentropfen weitergetragen. Es treten unterschiedliche Symptome auf, etwa vorzeitiger Blattfall, Zweigsterben und Verbräunung zu beiden Seiten der mittleren Blattader. Die Wüchsigkeit des Baumes wird im Normalfall nicht beeinträchtigt.

Blattbräune an Quitten

Unregelmäßige braune Flecken entwickeln sich auf den Blättern von Quitten und anderen Rosengewächsen. Auch junge Zweige und Früchte können betroffen sein. Das braunschwarz verfärbte Laub fällt vorzeitig ab, der pilzliche Erreger überwintert in den Triebspitzen. Infizierte Stellen sollte man ausschneiden und mit den kranken Blättern entfernen.

Robiniensterben

Seit 2007 ist die Sorte 'Frisia' betroffen. Zunächst sterben einzelne Äste ab, später geht der ganze Baum ein. Verschiedene Faktoren begünstigen die Erscheinung, etwa ungewöhnlich feuchte Sommerwitterung, Erreger von Blattflecken und Wurzelfäule wie Hallimasch oder *Phytophthora* (siehe S. 42–43). Ein Rückschnitt begrenzt das *Phomopsis*-Triebsterben.

Bakterienkrebs an Pappeln

Über Wunden und natürliche Öffnungen dringt das Bakterium *Xanthomonas populi* in das Gehölz ein. Es überwintert an krebsartigen Wucherungen der Rinde und wird ab Frühjahr von Wind und Regen übertragen. Junge Triebe sterben ab, an Ästen und Stämmen entstehen Wucherungen. Sobald Symptome sichtbar werden, sollte man infizierte Stellen ausschneiden.

Flohkäfer an Weiden

Auf Blättern von Weiden und Pappeln werden braune, eingetrocknete Stellen sichtbar, an denen der glänzende, braungrüne, 3–4 mm lange Käfer und seine Larven die Oberfläche abgenagt haben. Bis zum Spätsommer ist das Laub womöglich stark geschädigt. Kleine Bäume kann man mit einem zugelassenen Insektizid spritzen, sobald man Schäden bemerkt.

Rindenläuse an Weiden

Dichte Kolonien von dunkelgrauen Läusen erscheinen im Spätsommer an der Borke von Weidenästen und -stämmen. Ihre klebrigen Ausscheidungen locken oft Wespen an. Am Baum selbst entsteht kaum ein Schaden, doch der klebrige Überzug und die Wespen können lästig werden. Bei Bedarf kann man kleine Weiden mit einem Insektizid spritzen.

Blattgallwespen an Weiden

Harte rote oder gelblich grüne, bohnenähnliche Schwellungen entwickeln sich auf Weidenblättern im Früh- und Spätsommer. In jeder Galle lebt eine raupenähnliche Larve, die das Gewebe allmählich aushöhlt. Der Schaden beschränkt sich auf die Bildung der Gallen, die Gesundheit und die Wüchsigkeit des Baumes bleiben unbeeinflusst.

Triebsterben an Weiden

Ein pilzlicher Erreger, der in Läsionen der Rinde überwintert hat, infiziert ältere Zweige und kleinere Äste. Zuerst entstehen unregelmäßige schwarze Flecken auf den Blättern, später auch an den Trieben. Die Krankheit breitet sich bei nasskalter Witterung aus, wie sie zum Zeitpunkt des Blattaustriebs oft herrscht. Die Sorten sind unterschiedlich anfällig.

Marssonina-Krankheit an Weiden

Der Pilz ruft an den Blättern kleine braune Stellen hervor, die zu frühem Blattfall führen. Es folgen dunkle Krebswucherungen am Stamm und Absterbe-Erscheinungen. Bei feuchter Witterung kommt es zu verheerenden Auswirkungen, in trockenen Jahren erholen sich die Bäume wieder. Am schlimmsten betroffen ist *Salix × sepulcralis* var. *chrysocoma*.

Koniferen und Heckengehölze

Der Befall eines Nadel-
baumes oder einer Hecke
kann für den Gärtner ein
ständiges Ärgernis bedeu-
ten, denn Farbe und Form
leiden darunter.

Wenn Schäden auftreten an
- Wacholder: siehe Birnengitterrost
(*S. 123*)
- Liguster: siehe Fliedermottenlarven
(*S. 78*), zusätzlich zu Thripsen (*unten*)
- Tannen: siehe Fuchsienrost (*S. 79*)

Siehe auch
- Gehölze: Verbreitete Krankheiten
und Schädlinge (*S. 66–69*)
- Kenne Deinen Feind: Krankheiten
und Schädlinge (*S. 26–43*)

Sitkafichtenlaus

Die kleinen grünen Läuse treten vom
Herbst bis zum Frühjahr an *Picea*-Arten
auf, vor allem an der Europäischen
Fichte. Die Nadeln wirken gesprenkelt
und fallen im Spätwinter oder Frühjahr
ab. Der Neuaustrieb steht in starkem
Kontrast zu den befallenen Nadeln.
Spritzen Sie ein Insektizid, sobald Läuse
auftreten. Befallene Gehölze brauchen
einige Jahre, um sich zu erholen.

Nadelholzspinnmilbe

Winzige, gelblich grüne Milben
saugen am Laub von Nadelbäumen,
bevorzugt an Fichten. Dadurch
entsteht eine feine Sprenkelung, aus
der sich im Verlauf des Sommers
eine gelbbraune Verfärbung bildet.
Der Schädling tritt häufig an kleinen
Koniferen an sonnigen Standorten
auf. Ein Vergrößerungsglas hilft dabei,
die Milben ausfindig zu machen.

Blattläuse an Thujen

Läuse können im Spätsommer starke
Schäden an Zypressen, Lebensbäumen und × *Cupressocyparis* hervorrufen, am schlimmsten in den unteren
Bereichen der Pflanze. Schwärzepilze,
die sich auf den Ausscheidungen
entwickeln, treten mitunter auf den
befallenen Trieben auf. Rechtzeitige
Spritzungen im Spätfrühling verhindern einen verheerenden Befall.

Thripse an Liguster

Das Laub von Ligusterhecken und
Flieder wirkt im Spätsommer braun-
silbrig, als Folge der Saugtätigkeit
des Insektes. Erwachsene Thripse
sind 2 mm lang und haben schmale
schwarzbraune Körper und weiße
Streifen auf den Flügeln. Die Larven
sind gelblich weiß. Falls notwendig,
kann man mit einem zugelassenen
Insektizid spritzen.

Minierfliegen an Stechpalmen

An den meisten Stechpalmen, vor
allem an geschnittenen Hecken, sieht
man Spuren von Blattminierern. Die
Maden der Fliege, die im Innern der
Blätter leben, verursachen gelbgrüne
bis violette Stellen. Obwohl die Blätter
unansehnlich werden, bleibt der Schaden gering. Wegen der wachsartigen
Blattoberfläche richten Spritzmittel
nichts gegen den Schädling aus.

Blattbräune an Stechpalmen

Der Erreger *Phytophthora itius* ruft an jungen Trieben Läsionen hervor. Die Blätter bekommen dadurch runde schwarze Flecken und fallen bald ab. In Hecken werden ganze Bereiche bogenförmig entlaubt. Da es keine zugelassenen Fungizide gibt, ist Hygiene sehr wichtig. Man muss darauf achten, dass keine infizierten Pflanzen in den Garten gebracht werden.

Blattflecken an Escallonien

Zwei Krankheitserreger rufen Blattflecken und schwere Schäden an Escallonien hervor. Es entstehen braune bis violette Flecken auf den Blättern, die abfallen, Triebe sterben ab. Entfernen Sie Falllaub und schneiden Sie infizierte Äste zurück, damit sich die Krankheit nicht weiter ausbreitet. Für andere Ziergehölze zugelassene Fungizide erzielen eine gewisse Wirkung.

Schuppenbräune an Thujen

Der pilzliche Erreger *Didymascella thujina* (syn. *Keithia thujina*) tritt speziell an Thujen auf, vorwiegend in den Baumschulen, wo er junge Gehölze zum Absterben bringen kann. Schwarze Fruchtkörper erscheinen auf den abgestorbenen Blättern, die abfallen und offene Stellen hinterlassen. Ausgepflanzte ältere Gehölze muss man nicht behandeln.

Wurzelfäule der Eiben

Eiben sind sehr anfällig für *Phytophthora*. Betroffene Pflanzen haben bronzebraune Nadeln, die Infektion der Wurzeln führt zur Schwarzfärbung der Wurzelspitzen und einem verkleinerten Wurzelsystem. Entfernen Sie befallene Pflanzen, verbessern Sie die Wasserführung und pflanzen Sie mindestens drei Jahre lang an diese Stelle keine Gehölze.

Blattkrankheiten an Lorbeer

An Lorbeer können Echter Mehltau, pilzliche Blattfleckenkrankheiten oder bakterielle Erreger der Schrotschusskrankheit auftreten. Sie alle bewirken Durchlöcherung, Deformation und Verkrüppelungen der Blätter. Gute Nährstoffversorgung und das Ausbringen von Blattdünger kann allgemein die Wuchskraft der Gehölze verbessern.

Pestalotia-Zweigsterben

Der Erreger *Pestalotiopsis* ist im vergangenen Jahrzehnt an zahlreichen Pflanzen, einschließlich vieler Koniferen, aufgetreten. Das Laub verbräunt und fällt später ab. Man kann nur das abgestorbene oder befallene Laub entfernen. Verringern Sie die Gefahr weiterer Infektionen, indem Sie sicherstellen, dass alle gesunden Pflanzen wuchskräftig bleiben.

Sträucher

Schadsymptome an Sträuchern sind recht offensichtlich und man kann oftmals die ganze Pflanze behandeln.

Wenn Schäden auftreten an
- Sommerflieder: siehe Wollkrautrüssler (*S. 79*) und Wollkrauteule (*S. 92*)
- Scheinquitten und Ebereschen: siehe Sägewespen (*S. 123*)
- Mahonien: siehe Rost an Mahonien (*S. 81*) und Blattwespen an Berberitzen (*rechts*)
- Kapfuchsien (*Phygelius*): siehe Wollkrautrüssler (*S. 79*)

Siehe auch
- Gehölze: Verbreitete Krankheiten und Schädlinge (*S. 66–69*)

Blattwespen an Berberitzen
Weißlich grüne, raupenartige Larven mit schwarzen Punkten und gelben Flecken entlauben sommergrüne Berberitzen (vor allem *Berberis thunbergii*) und Mahonien. Zwischen Spätfrühling und Frühherbst entwickeln sich zwei oder drei Generationen. Nach dem Reifefraß verpuppen sich die Larven im Boden. Gegen junge Larven helfen Insektizid-Spritzungen.

Gallmilben an Ginster
Weißlich grüne, blumenkohlartig vergrößerte Knospen bilden sich im Sommer an den Zweigen von Ginster (*Cytisus*). Die Gallen enthalten winzige Milben. Später werden die Gallen graubraun und trocknen ein. Pflücken Sie betroffene Knospen ab oder entfernen Sie stark befallene Pflanzen. Es gibt kein wirksames Pflanzenschutzmittel zur Bekämpfung.

Gallmücken an Gleditschien
Ab Juni entwickeln sich die Blätter nicht mehr normal, die Fiederblättchen sind zu kleinen Hülsen umgeformt, sie bergen mehrere weißlich orangefarbene Maden. Im Verlauf des Sommers entwickeln sich mehrere Generationen, mit zunehmender Anzahl von Gallen. Die Blattgallen vertrocknen und fallen ab, bis Sommerende wirken die Gehölze kahl.

Gangminen an Goldregen
Minierfliegen und -motten hinterlassen Fraßspuren an Goldregen. Die Mottenlarven hinterlassen einigermaßen runde, weiß-braune Minen bis zu einem Durchmesser von 10 mm. Maden der Minierfliegen fressen unregelmäßige Flecken an der Blatträndern aus. Es entsteht kein ernsthafter Schaden, da es bis zum Spätsommer dauert, bis sich ein Befall aufbaut.

Fliedermotte
An Blättern von Flieder und Liguster entstehen im Früh- und Spätsommer große braune Minierstellen, dort wo die Raupen das innere Blattgewebe vertilgt haben. Herangewachsene Raupen kommen aus dem Blattinnern und vollenden ihren Reifefraß in der eingerollten Blattspitze. Entfernen Sie befallene Blätter und schneiden Sie betroffene Ligusterhecken zurück.

Gespinstmotten an *Cotoneaster*

An Zwergmispeln fressen Raupen zweier verschiedener Falter: Die rotbraunen Raupen der Weißdorn-Gespinstmotte bedecken ihre Fraß-zone mit weißen Fäden. Die grauen Raupen des Schlehenspinners leben in der Nähe seidener Kokons an den Ästen. Beide verursachen im Frühsom-mer eine Verbräunung des Laubes. Schneiden Sie Befallsstellen aus.

Miniermotten an Feuerdorn

Im Zentrum der Blattoberseite werden charakteristische ovale, silbrig-weiße Platzminen erkennbar: Es sind die Stellen, an denen sich die Larven ernähren. Der stärkste Befall ist häufig im Spätwinter zu sehen, doch minierte Blätter findet man das ganze Jahr über. Es entsteht nur geringer Schaden, selbst wenn die Pflanzen stark befallen sind.

Wollkrautrüssler

Zwei Arten treten an Sommerflieder, Braunwurz (*Scrophularia*), Königs-kerze und Kapfuchsie (*Phygelius*) auf: der Braunwurz- und der Garten-Wollkrautrüssler. Sie sind grau und schwarz, mit schwarzem Punkt in der Mitte und 2–4 mm lang. Die Käfer wie die schleimigen, hellbraunen Larven fressen an Blättern und Knospen. Not-falls in der Dämmerung spritzen.

Mittlerer Weinschwärmer

Die ausgewachsenen, braunschwar-zen, manchmal grünen Raupen sind bis zu 80 mm lang und besitzen zwei Paar augenähnliche Zeichnungen am Kopfende. Die Raupen fressen am Laub vieler Pflanzen, im Garten sind hauptsächlich Fuchsien betroffen. Da der Befall häufig nur aus ein oder zwei Larven besteht, kann man sie gut von Hand absammeln.

Rost an Fuchsien

Der Erreger des Tannennadelrostes (*Pucciniastrum epilobi*) ruft den Fuch-sienrost hervor. Er tritt aber ebenso an Weidenröschen auf. Zunächst entste-hen gelbe Flecken auf der Blattober-fläche, gegenüber, auf der Blattunter-seite, erscheinen orangefarbene Pusteln, später sterben die Blätter ab. Die schwarzen Überwinterungsspo-ren hat man nur auf Weidenröschen gefunden. Sie keimen im Frühjahr und infizieren Nadeln von *Abies*-Arten. Ausschließlich Sporen, die sich auf den Tannen bilden, befallen wiederum Fuchsien. Bevor man ein Spritzmit-tel gegen Rost einsetzt, sollte man bedenken, dass Fuchsien sehr anfällig für Spritzschäden sind. Bei uns können Fuchsien nur in wintermilden Gegenden draußen überwintern.

Sträucher *Fortsetzung*

Pieris-Netzwanze

Eine grobe helle Sprenkelung erscheint auf der Blattoberfläche von Lavendelheide (*Pieris*) oder Rhododendren. Die erwachsenen Netzwanzen sind 3 mm lang, sie haben durchscheinende Flügel mit schwarzer Zeichnung. Die adulten Tiere wie die spinnenartigen braunschwarzen Larven saugen vom Spätfrühling bis zum Herbst an der Blattunterseite.

Wollläuse an Hortensien

Triebe und Blattunterseiten von Hortensien, Ahornen und Kirschen sind im Frühsommer mit etwa 4 mm langen, ovalen Eigelegen bedeckt, eingebettet in weiße Wachsfasern. Der Schädling saugt in den Sommermonaten am Laub, ein starker Befall kann die Pflanzen schwächen. Spritzungen können nur die Larven im Hochsommer erreichen.

Schildläuse an *Euonymus*

Vor allem an Trieben und Blättern des Spindelstrauches *Euonymus japonicus* saugt dieses Insekt. Die winzigen Männchen besitzen ein längliches weißes Schild, die Weibchen sind bedeckt von braunschwarzen »Näpfen«. Befallene Blätter wirken gelb gesprenkelt und fallen bald ab. Junge Larven erreicht man im Hochsommer und Herbst mit Insektizid-Spritzungen.

Blattflöhe an Buchs

Den Schaden rufen im Spätfrühling die hellgrünen, abgeflachten Larven hervor. Neue Triebe bleiben gestaucht, die Blätter verkrüppeln, sodass die Triebspitzen ein kohlartiges Aussehen annehmen. Für streng geschnittenen Buchs stellt der Schädling kein Problem dar. Junge Gehölze kann man zum Zeitpunkt des Neuaustrieb mit einem geeigneten Insektizid spritzen.

Triebsterben an Buchs

Zwei pilzliche Krankheitserreger lassen Buchsbaumblätter verbräunen und die Triebe absterben: *Cylindrocladium buxicola* verursacht schwarze Striemen in den Trieben. *Volutella buxi* kann nur über Wunden oder in gestresste Pflanzen eindringen, doch wenn der Pilz im Haupttrieb Fuß gefasst hat, kann er das ganze Gehölz zum Absterben bringen. Da sich die

Erreger so schwer bekämpfen lassen, sollte man neu erworbene Pflanzen immer erst einen Monat lang abseits von vorhandenen Beständen halten, um sicherzugehen, das sie frei von Krankheitserregern sind. Alle *Buxus*-Arten sind betroffen, doch stark geschnittene, kompakte Sorten leiden am meisten. Erkrankte Gehölze mit dem umgebenden Erdreich entfernen.

Blattkäfer an *Viburnum*

Nur das Laub der Schneeball-Arten *Viburnum tinus* und *V. opulus* wird stark geschädigt. Die cremeweiße, 9 mm lange Larve mit schwarzer Zeichnung frisst von April bis Juni, weiteren Schaden rufen dann die graubraunen Käfer im Spätsommer hervor. Treten im April Löcher an den frisch ausgetriebenen Blättern auf, kann man mit Insektiziden spritzen.

Weiße Fliege an *Viburnum*

Dieses saugende Insekt tritt an *Viburnum tinus* auf. Die nur 2 mm großen, weiß geflügelten erwachsenen Insekten erscheinen im Sommer. Häufiger sieht man an den Blattunterseiten die überwinternden schwarzen Larven, die mit weißem Wachs bepudert sind. Bekämpfungsmaßnahmen sind nicht erforderlich, man kann bei Bedarf ein Insektizid spritzen.

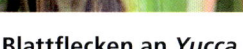

Falscher Mehltau an *Hebe*

An den Blattunterseiten von Strauchveronika (*Hebe*) ruft der Pilz *Peronospora grisea* einen grauen Belag hervor, gegenüber auf der Blattoberseite erscheinen helle Flecken. Die Pflanzen werden mitunter völlig entlaubt, und das Wachstum stockt. Da es keine wirksamen Fungizide gibt, sollte man betroffene Blätter und Pflanzen aus dem Garten entfernen.

Rost an Mahonien

Orangefarbene oder rotviolette Punkte erscheinen auf der Blattoberseite, dunkelbraune Punkte dagegen auf der Unterseite. Starke Infektionen führen zu vorzeitigem Blattfall. Die Krankheit breitet sich bei hoher Luftfeuchtigkeit aus, fördern Sie daher die Durchlüftung, indem Sie zurückschneiden, und entfernen Sie kranke Blätter aus dem Garten.

Blattflecken an *Yucca*

Auf den Blättern werden gelbliche bis braune, meist elliptische Schadstellen (Läsionen) sichtbar, die über die Blattoberfläche verstreut erscheinen. Da es keine geeigneten Fungizide zur Behandlung gibt, sollten Sie befallene Blätter konsequent entfernen. Gießen Sie außerdem die Pflanzen nicht von oben und stellen Sie sie vor Regen geschützt auf.

Rhododendren und Kamelien

Zum Glücken treten an Rhododendren und Kamelien selten Krankheiten und Schädlinge auf, die meisten davon lassen sich außerdem gut behandeln.

Siehe auch
- Gehölze: Verbreitete Krankheiten und Schädlinge (*S. 66–69*)
- Kenne Deinen Feind: Krankheiten und Schädlinge (*S. 26–43*)
- Netzwanzen (*S. 80*), Echter Mehltau (*S. 40*) und Phytophthora-Fäule (*S. 42*) treten ebenfalls an Rhododendren auf

Gallen an Kamelien
An den Kamelienblättern bilden sich auffällige grüne Gallen, die mit weißen Sporenausblühungen bedeckt sind, dadurch verbreitet sich der Pilz. Entfernen Sie die Gallen, bevor sie weiß werden. Ein verwandter Pilz ruft runde oder verzweigte Gallen an Kamelien hervor. Die Wüchsigkeit der Pflanzen ist nicht beeinträchtigt. Schneiden Sie kranke Stellen aus.

Braunfäule an Kamelienblüten
Die Infektion mit dem Pilz *Ciborinia camelliae* beginnt mit kleinen braunen Flecken auf den Blütenblättern und kann sich auf die ganze Blüte ausdehnen. Die Blüten fallen früh ab. Ein Frostschaden sieht zwar ähnlich aus, doch bei der Krankheit kann man graue Pilzfäden am Grund der Blütenblätter erkennen. Da es kein Pestizid zur Behandlung gibt, müssen infizierte Blüten entfernt werden, sonst bildet sich ein schwarzer, lederartiger Körper, Sklerotium genannt, der bis zur folgenden Blühperiode überdauert. Er keimt dann aus und bildet Fruchtkörper, die wiederum Sporen freisetzen. Luftzug sorgt dann für eine Neuinfektion der Blüten. Eine dicke Mulchschicht trägt dazu bei, den Entwicklungszyklus zu durchbrechen.

Gelbscheckung
Der Befall mit diesem Virus hat eine leuchtend gelbe oder cremeweiße Scheckung auf den dunkelgrünen Blättern zur Folge, oft sind Schädigungen der Blüten zu beobachten. Die Wuchskraft der Pflanze wird nicht beeinträchtigt, doch sollte man befallene Triebe ausschneiden, um eine Verbreitung des Virus zu unterbinden. Der Übertragungsweg ist unbekannt.

Zikaden an Rhododendron

Die erwachsenen, 8 mm langen, blaugrünen Zikaden mit rotbraunen Streifen erscheinen im Spätsommer. Die Weibchen legen die überwinternden Eier in die Blütenknospen des folgenden Jahres ab, dadurch übertagen sie das Knospensterben (unten). Abgestorbene Knospen sollte man gleich entfernen. Spritzungen mit Insektiziden hemmen die Eiablage.

Blattflecken an Rhododendron

Unregelmäßige, rötlich-braune Flecken ruft der Pilz Glomerella cingulata hervor. Sind nur wenige Blätter betroffen, sollte man sie von Hand abpflücken. Ein systemisches Fungizid, wie es gegen Echten Mehltau eingesetzt wird, drängt die Krankheit zurück. Gute Kulturbedingungen erhöhen die Wuchskraft erkrankter Pflanzen, dazu gehört auch Blattdüngung.

Blattflecken und Zweigsterben

Verschiedene Phytophthora-Arten, einschließlich P. ramorum, rufen Blattflecken, Kambiumnekrose oder Triebsterben hervor. Die Blätter zeigen Läsionen, die manchmal v-förmig sind, und sich ausbreiten, sie welken und sterben ab. Infizierte Triebe muss man bis ins gesunde Gewebe zurückschneiden. Die Krankheit befällt verschiedene Gehölze und unterliegt der Meldepflicht.

Rost an Rhododendron

Auf den Blattoberflächen entstehen gelbliche Stellen, an der Blattunterseite entwickeln sich im Sommer Pusteln, die orangefarbene oder braune Sporen freisetzen. Der Pilz lebt im Innern der Blätter, er bleibt dort bis zum Blattfall. Die Krankheit taucht daher jedes Jahr wieder auf. Befallene Blätter sollte man entfernen. Notfalls ein Mittel gegen Rost spritzen.

Knospensterben

Man erkennt die Krankheit daran, dass Blütenknospen von Rhododendren absterben und von gestielten Sporenlagern bedeckt sind. Der pilzliche Erreger Pycnostysanus azaleae wird über Zikaden verbreitet (oben) und eine Bekämpfung des Insektes senkt die Gefahr von Neuinfektionen durch die Krankheit. Pflücken Sie abgestorbene Knospen gleich ab.

Falscher Mehltau

Die Krankheit tritt im ausgehenden Winter und Frühjahr an den Blättern von Rhododendren auf. Das Laub verfärbt sich, ein dünner Pilzbelag an der Blattunterseite entspricht gelben oder rötlichen Flecken auf der Blattoberseite. Ausgiebige Wassergaben und Spritzungen mit einem ausgewiesenen Fungizid tragen dazu bei, die Krankheit einzudämmen.

Kletterpflanzen

Wenn eine ans Herz ge-
wachsene Kletterpflanze
kümmert oder ein frisch
gesetztes Klettergehölz
plötzlich abstirbt, ist man
oft ratlos. Und tatsäch-
lich ist es nicht immer
leicht, die Ursache dafür
auszumachen, doch hier
werden ein paar gängige
Probleme vorgestellt.

Siehe auch
● Gehölze: Verbreitete Krankheiten
und Schädlinge (*S. 66–69*)
● Kenne Deinen Feind: Krankheiten
und Schädlinge (*S. 26–43*)

Ohrwürmer an *Clematis*
Ohrwürmer (*siehe S. 31*) verstecken
sich tagsüber in dunklen Ritzen,
nachts kommen sie hervor und fressen an Blüten und jungen Blättern
von *Clematis* und anderen Pflanzen.
Aktiv sind sie vom Frühjahr bis zum
Herbst. Ohrwürmer kann man in Töpfen fangen, die locker mit Heu gefüllt
sind. Nur im Notfall sollte man abends
ein Insektizid spritzen.

Schleimfluss an *Clematis*
Von Bakterien infizierte Triebe sind mit
faulig riechendem, gelbem, rotem,
rosa- oder orangefarbenem Schleim
bedeckt. Durch Wunden oder Schnittstellen tritt Pflanzensaft aus und oft
stirbt der ganze Trieb oberhalb dieser
Stelle ab. Am besten schneidet man
die Triebe weit unterhalb der Wunde
zurück, denn es steht kein Pflanzenschutzmittel zur Verfügung.

Clematiswelke
Der Pilz *Phoma clematidina* ruft
Welke- und bald darauf Absterbe-
Erscheinungen an Blättern und
Trieben von Waldreben hervor. Die
Pflanzen können sich über gesun-
des Gewebe im Erdreich oder über
gesunde Knospen unterhalb der
Befallszone verjüngen. Meist beginnt
die Welke an den Triebspitzen, danach
werden die Blattstiele schwarz, die

Blätter welken. Betroffene Triebe
sollte man weit ins gesunde Gewebe
zurückschneiden, auch wenn dieses
im Boden liegt. Pflanzen Sie *Clematis*
in tiefgründigen nährstoffreichen
Boden, an eine frische schattige
Stelle, denn wüchsige Pflanzen wider-
stehen der Welke besser. Einige Arten
wie *Clematis montana* und *C. viticella*
sind weniger anfällig.

Blattflecken an Efeu
Verschiedene Pilze rufen braune oder
graue Flecken auf Efeublättern hervor.
Bei zweifarbigen (panaschierten)
Sorten tritt die Erscheinung verstärkt
in den weißen oder gelben Bereichen
auf. Die Wüchsigkeit der Pflanzen
wird nicht beeinträchtigt. Stark
betroffene Triebe sollte man wegschneiden, um die weitere Verbreitung der Krankheit einzudämmen.

Blattläuse an Geißblattarten

Dichte Kolonien von graugrünen Läusen entwickeln sich im Juni und Juli an Triebspitzen und Blütenknospen. Die Knospen können absterben, das Laub verfärbt sich und verkrüppelt. Die Läuse scheiden klebrigen Honigtau aus, auf dem sich Schwärzepilze entwickeln. Man kann die Läuse beim ersten Auftreten mit einem zugelassenen Insektizid bekämpfen.

Echter Mehltau an Geißblatt

Ein pudriger weißer Belag erscheint auf den Blättern, infiziertes Gewebe wirkt verkrüppelt, Blätter können abfallen. Die Krankheit tritt verstärkt auf trockenem Boden auf, daher sollte man regelmäßig gießen und befallene Pflanzenteile entfernen, um die weitere Ausbreitung einzudämmen. Die Durchlüftung lässt sich durch einen Auslichtungsschnitt verbessern.

Triebsterben an Wisterien

Verschiedene bodenbürtige Erreger bewirken das plötzliche Absterben von Wisterien, etwa die *Phytophthora*-Wurzelfäule oder die *Verticillium*-Welke (*siehe S. 42–43*). Plötzlich können die Pflanzen auch absterben, wenn sie, womöglich Jahre zuvor, zu flach eingepflanzt worden sind. In diesem Fall kann man an dieselbe Stelle wieder eine Wisterie setzen.

Schildläuse an Wisterien

Die relativ große, schwärzliche Schildlaus erreicht einen Durchmesser von bis zu 10 mm. Ab dem Frühjahr bis in den Sommer hinein saugt sie an Trieben und Blättern und scheidet dabei reichlich Honigtau aus. Sie befällt auch Äste von Kirschen und Ahornen. Kleine Pflanzen kann man notfalls mit einem zugelassenen Insektizid behandeln.

Virosen an Passionsblumen

Wenn bei einer Kultur im Haus Blätter verkrüppeln, vergilben oder hell gesprenkelt wirken, kommen als Krankheitserreger Viren infrage, wie sie auch im Gewächshaus auftreten (*siehe S. 139*). Es gibt keine Möglichkeit zur Heilung, halten die Symptome an, vernichtet man die Pflanzen am besten. Desinfizieren Sie Schnittwerkzeuge und waschen Sie die Hände.

Rosen

Krankheiten und Schäd-
linge sind Rosenfreunden
wohlbekannt, von der
Blattlaus bis zum Stern-
rußtau. Gute Pflege und
Hygiene lindern aber
die Probleme, moderne
Züchtungen zeichnen sich
durch Resistenzen aus.

Siehe auch
● Gehölze: Verbreitete Krankheiten
und Schädlinge (S. 66–69)
● Kenne Deinen Feind: Krank-
heiten und Schädlinge (S. 26–43),
Blattschneiderbienen (S. 31), Echter
und Falscher Mehltau (S. 40), auch
Hallimasch (S. 43) tritt besonders an
Rosen auf

Bürstenhornblattwespen

Die gelben und schwarzen Weibchen
senken ihre Eier im frühen und späten
Sommer in weiche junge Rosentriebe
ein. Die blassgrünen Larven haben
schwarze Punkte und gelbe Flecken.
Da sie in Gruppen fressen, können
sie einen Trieb rasch entlauben, bevor
sie sich zum Verpuppen in den Boden
zurückziehen. Man kann die Larven
von Hand absammeln.

Blattläuse

Verschiedene Blattlaus-Arten saugen
im Frühjahr und Sommer an Blättern,
Triebspitzen und Blütenknospen von
Rosen. Ein starker Befall führt zu
gestauchtem Wuchs und schwacher
Blüte. Abgestreifte weiße Häute,
Honigtau und Schwärzepilze verunstalten die Pflanzen. Behandlungen
mit Insektiziden müssen frühzeitig
einsetzen.

Blattrollwespen

Die kleinen schwarzen Weibchen
legen Eier in die Fiederblätter von
Rosen, die sich daraufhin nach unten
einrollen. In der Blattrolle fressen die
geschlüpften grünen, raupenartigen
Larven. Eine Generation entwickelt
sich pro Jahr, im Spätfrühling oder
Frühsommer. Entfernen Sie die eingerollten Blätter, damit die Larven ihren
Reifefraß nicht vollenden können.

Blattwespen

Die blassgrüne, durchscheinende, raupenähnliche Larve wird bis zu 15 mm
lang. Sie nagt die untere Blattoberfläche an, das geschädigte Gewebe
trocknet aus und wird weißlich braun.
Zwei Generationen treten pro Jahr
auf, sie schädigen im Früh- und im
Spätsommer. Falls notwendig, kann
man ein zugelassenes Insektizid
ausbringen.

Gallwespen im Rosenapfel

Harte Anschwellungen bis zur Größe
eines Golfballes entwickeln sich im
Spätsommer an den Trieben von Wild-
rosen und manchen Sorten. Rötliche
und gelbe umgewandelte Blätter, die
wie Moos aussehen, bedecken die
Gallen, in deren Inneren sich kleine
weiße Wespenlarven entwickeln. Es
entsteht kein nennenswerter Schaden, eine Bekämpfung erübrigt sich.

Zikaden

Eine grobe blasse Sprenkelung zeigt sich auf der Blattoberfläche. Das Insekt saugt an der Blattunterseite, vor allem an Rosen, die geschützt stehen. Erwachsene Zikaden sind 3 mm groß und springen auf, wenn sie gestört werden. Spritzungen mit Insektiziden müssen einsetzen, sobald sich ein schädlicher Befall zu entwickeln beginnt.

Sternrußtau

Ab Juni erscheinen dunkelbraune oder schwarze Flecken auf dem Laub. Betroffene Blätter fallen vorzeitig ab, das schwächt die Pflanzen. Alle Maßnahmen, die die Wuchskraft stärken, unterstützen die Pflanzen. Die Infektion geht meist von Flecken an den Trieben aus, in denen der Pilz *Diplocarpon rosae* überwintert hat. Ein drastischer Rückschnitt im Früh-jahr dämmt daher die Krankheit ein, ebenso das Entfernen von Falllaub im Herbst und Mulchen im Frühjahr. Verschiedene Fungizide werden für die Bekämpfung angeboten, den besten Effekt erzielt man, wenn man verschiedene Wirkstoffe abwechselt. Spritzen Sie zuerst unmittelbar nach dem Schnitt im Frühling und dann ein weiteres Mal beim Blattaustrieb.

Krebs und Triebsterben

Mehrere pilzliche Erreger rufen krebs-artige Wucherungen und Absterbe-Erscheinungen hervor. Die Infektion erfolgt meist über Wunden, etwa nach schlecht ausgeführtem Schnitt. Wichtig ist es, beim Pflanzen darauf zu achten, dass die Veredlungsstelle nicht mit Erde bedeckt ist. Stärken Sie die Sträucher, indem Sie genug düngen und ausreichend gießen.

Virosen

Verschiedene Viren führen an Rosen-blättern zu Aufhellungen der Adern, zu Gelbscheckung oder Sprenkelun-gen. Die Symptome sind womöglich weniger stark ausgeprägt als bei anderen Pflanzen, doch die Blätter können missgebildet sein, das Wachs-tum der Pflanzen stockt. Es gibt kein Gegenmittel und man sollte betrof-fene Pflanzen vernichten (*siehe S. 41*).

Rost

Im Frühjahr erscheinen längliche Rost-pusteln auf Trieben und Blattstielen, gefolgt von leuchtend hellorangefar-benen, stäubenden Punkten an den Blattunterseiten, die sich im Spät-sommer braun färben. Oft kommt es zu starker Entlaubung. Die Sporen überwintern auf Pflanzenabfällen, im Boden oder an Trieben. Schneiden Sie befallene Triebe aus.

Krautige Pflanzen

Blumenbeete zeigen vom Frühjahr bis zum Herbst Farbe. Selbst wenn am Ende der Wachstumszeit die Einjährigen, Zwiebelblumen und die meisten Stauden oberirdisch abgestorben sind, bleiben einige Blätter und Samenstände bis über den Winter stehen. In den meisten Gärten gibt es einen Rasen und dieses Stück gemähten Grases sollte gesund bleiben, damit die Rabatten daneben schön zur Geltung kommen. Regelmäßige Kontrollen helfen dabei, die Pflanzen in einem guten Zustand zu halten. Werden Probleme frühzeitig erkannt, kann man angemessen dagegen vorgehen.

Krautige Pflanzen: Verbreitete Krankheiten und Schädlinge

An Stauden, Einjährigen und Zwiebelblumen treten unterschiedliche Krankheiten und Schädlinge auf. Sie können die Pflanzen verunstalten oder abtöten. Kontrollieren Sie die Pflanzen regelmäßig, damit Sie einen Befall früh erkennen und zeitnah Gegenmaßnahmen ergreifen können.

Eingeteilt ist dieses Kapitel in:

Hopfenwurzelbohrer Die Raupen leben im Boden und ernähren sich von Wurzeln. Sie sind weiß, schlank, etwa 5 cm lang, haben einen braunen Kopf, drei Beinpaare am Vorderleib und fünf Beinpaare am Abdomen.

Schattenwickler Die blassgrünen, bis zu 18 mm langen Raupen spinnen zwei Blätter mit Spinnfäden zusammen und fressen darin. Die betroffenen Stellen trocknen ein und werden braun. Viele verschiedene Gehölze und krautige Pflanzen werden befallen.

Mit Insektiziden kann man die Raupen des Hopfenwurzelbohrers nicht wirksam bekämpfen, doch es gibt pathogene Nematoden.

Da sie im Verborgenen leben, lassen sich die Raupen des Schattenwicklers nur schwer bekämpfen. Man kann aber die Schädlinge durch Zusammendrücken der Blätter vernichten. Der Schattenwickler tritt an Pflanzen im Garten und im Gewächshaus auf (*siehe S. 138*).

Grüne Reiswanze Dieses Insekt kommt weltweit vor. Es wurde zunächst nur in Südeuropa gesichtet, breitet sich aber zunehmend in Mitteleuropa und immer weiter nach Norden aus. Die grünen, bis zu 15 mm langen, schildförmigen erwachsenen Tiere sowie die gepunkteten Larven fressen an Bohnen, Erbsen, Tomaten, Himbeeren und vielen Stauden im Spätsommer.

Blattälchen Diese mikroskopisch kleinen, fadenförmigen Würmer leben in den Blättern von Bartfaden, Japan-Anemonen, Chrysanthemen und vielen anderen Gartenpflanzen. Es entstehen schwarzbraun verfärbte Stellen, oft deutlich begrenzt von den stärkeren Blattadern. Der Schaden tritt hauptsächlich im Spätsommer und Herbst auf.

Echter Mehltau Diese Gruppe von Pilzen infiziert viele verschiedene krautige Pflanzen. Die wichtigsten werden, zugeordnet zu ihren Wirtspflanzen, auf den folgenden Seiten vorgestellt. Typischerweise entsteht auf beliebigen Pflanzenteilen ein weißer Belag, infiziertes Gewebe entwickelt sich nicht normal. Dauert die Krankheit an, können die Blätter nach und nach abfallen, Knospen oder ganze Stängel sterben ab.

Bei Bedarf kann man gegen die Grüne Reiswanze ein Spritzmittel gegen saugende Insekten einsetzen.

Blattälchen kann man nicht mit Pestiziden bekämpfen. Graben Sie stark befallene Pflanzen aus.

Lichten Sie bei einem Befall durch Echten Mehltau den Aufwuchs aus, um die Durchlüftung zu verbessern. Auch Fungizide können helfen.

Stauden

Schädlinge und Krankheiten an Stauden kommen und gehen, doch manche schädigen dauerhaft, etwa der Malvenrost.

Wenn Schäden auftreten an
- Aurikeln: siehe Wurzelläuse (S. 33)
- Cinerarien, Chrysanthemen, Margeriten: siehe Minierfliegen (S. 95)
- Freesien, oder Gladiolen: siehe Virosen an Canna (S. 97)
- Buschmalve (Lavatera): siehe Malvenrost (S. 7)
- Königskerze: siehe Wollkrautrüssler (S. 9), Brauner Mönch (unten)

Siehe auch
- Krautige Pflanzen: Verbreitete Krankheiten und Schädlinge (S. 90–91)
- Kenne Deinen Feind: Krankheiten und Schädlinge (S. 26–43)

Blattälchen an Phlox
Die winzigen Fadenwürmer leben im Innern von Blättern und Stängeln. Infizierte Pflanzen bleiben gestaucht, Stängel und Blätter an den Triebspitzen sind angeschwollen und stark verschmälert. Oft faulen die Stängel. Da es kein wirksames Pestizid gibt, muss man infizierte Pflanzen beseitigen. Pflanzen Sie vorerst keinen Phlox mehr an diesen Platz.

Wollläuse an *Phormium*
Die grauweißen saugenden Insekten sind mit Wachsausscheidungen bedeckt und finden sich oft in den faltigen Blattbasen des Neuseelandflachses. Stark befallene Pflanzen wachsen schwach oder sterben ab. Bekämpfen kann man die versteckt lebenden Insekten schlecht. Kontrollieren Sie neue Pflanzen genau, um den Schädling nicht einzuschleppen.

Minierfliegen an Hauswurz
Larven der Minierfliege schädigen Sempervivum-Arten, indem sie die äußeren Blätter der Rosetten aushöhlen. Die Blätter trocknen daraufhin aus oder faulen. Zwei Generationen erscheinen im Früh- und im Spätsommer. Entfernen Sie betroffene Blätter gleich, wenn Sie den Schaden bemerken. Pflanzen im Topf kann man mit Insektizid-Stäbchen schützen.

Brauner Mönch (Wollkrauteule)
Die grauweißen Raupen mit schwarzen Punkten und gelben Flecken sind bis zu 48 mm lang. Sie fressen von Früh- bis Hochsommer an Blättern und Blüten von Königskerzen und manchmal von Sommerflieder. Nach Beendigung des Reifefraßes verpuppen sie sich im Boden. Entfernen Sie die Raupen von Hand oder spritzen Sie ein zugelassenes Insektizid.

Sägewespen an Salomonssiegel
Grauweiße, raupenähnliche, bis zu 25 mm lange Larven fressen im Frühsommer am Laub des Salomonssiegels. Oft bleibt nur noch der Stängel übrig. Es entwickelt sich eine Generation pro Jahr, die voll entwickelte Larve verpuppt sich im Boden. Achten Sie auf Löcher im Blattwerk, sammeln Sie Larven ab oder spritzen Sie ein zugelassenes Insektizid.

Blattkäfer an Seerosen

Der graubraune Käfer wie auch die schwarzen Larven werden bis zu 8 mm groß. Sie leben auf der Oberseite von Seerosenblättern, wo sie längliche Stellen herausfressen. Die Blätter werden unansehnlich und beginnen leicht zu faulen. Insektizide scheiden aus, sie würden die Tiere im Teich gefährden. Nach Möglichkeit entfernt man die Schädlinge von Hand.

Blattläuse an Seerosen

Im Sommer können Blattoberflächen und Blütenknospen von braungrünen, etwa 2 mm großen Sumpfpflanzen-Blattläusen oder deren weißen Häuten bedeckt sein. Bei einem starken Befall wachsen und blühen die Pflanzen schlecht. Auch andere Pflanzen im Teich werden befallen. Die Läuse überwintern als Ei an Pflaumen und Kirschen und saugen am jungen Laub, bevor sie im Frühsommer auf Seerosen überwechseln. Im Spätsommer wandern die Läuse zur Eiablage zurück auf den Winterwirt. Um Fische und andere Tiere im Teich nicht zu gefährden, darf man keine Insektizide einsetzen. Stattdessen kann man Läuse von Blättern und Knospen wegwischen oder sie mit einem scharfen Wasserstrahl abspritzen.

Gallmücken an Veilchen

Mehrere Generationen dieser winzigen Fliege legen im Frühling und Sommer Eier in die sich entwickelnden Veilchenblätter. Betroffene Blätter falten sich nicht mehr auf und sind stark verdickt, orange-weiße Maden entwickeln sich im Schutz der eingerollten Blattränder. Die Pflanzen sind nicht bedroht und blühen weiter. Es gibt keine wirksame Bekämpfung.

Milben an Glattblatt-Astern

Vorwiegend *Aster novi-belgii* wird von den winzigen Milben befallen, die in den Sprossspitzen und Blütenknospen leben und saugen. Die Pflanzen wachsen gestaucht und haben verschorfte Stängel. Blüten färben sich nicht aus, es bilden sich Rosetten grüner schmaler Blätter. Entfernen Sie betroffene Pflanzen. *Aster novae-angliae* und *A. amellus* werden nicht geschädigt.

Sägewespen an Nelkenwurz

Blassgrüne, bis zu 15 mm lange Larven mit verzweigten Borsten fressen von Spätfrühling bis Frühsommer an den jungen Blättern der Nelkenwurz. Manchmal bleiben nur noch die Hauptadern übrig. Man kann die Larven von Hand absammeln. Behandeln Sie blühende Pflanzen nur am Abend mit zugelassenen Insektiziden, damit Bienen keinen Schaden nehmen.

Stauden *Fortsetzung*

Sägewespen an Storchschnabel

Vom Spätfrühling bis zum Sommer-ende entstehen auf Blättern von *Geranium* Löcher durch die raupen-ähnlichen Larven der Sägewespe. Sie sind graugrün, haben einen schwarzen Kopf und werden bis zu 11 mm lang. Zwei oder drei Generationen entwickeln sich in einem Sommer. Insektizide sollte man nur einsetzen, wenn das Laub stark durchlöchert ist.

Echter Mehltau an Storchschnabel

Verschiedene Pilzarten rufen einen weißen Belag auf den Blattober- und -unterseiten von *Geranium*-Arten und -Sorten hervor. Der Befall lässt sich abmildern, indem man zugunsten einer besseren Durchlüftung kräftig ausschneidet und indem man während Trockenperioden ausreichend wässert und im Frühjahr eine Mulchschicht aufbringt.

Rost an Pelargonien

Auf der Blattoberseite entstehen gelbe Flecken, denen Ringe brauner Pusteln auf der Unterseite entsprechen. Bei einem starken Befall bilden sich auf beiden Blattseiten Sporenlager. Die Blätter vergilben und fallen ab, sodass die Pflanzen geschwächt werden. Entfernen Sie stark befallene Blätter und Pflanzen, sorgen Sie für eine bessere Durchlüftung.

Blattläuse an Lupinen

Grauweiße, bis zu 4 mm große Blattläuse bilden dichte Kolonien an den Blattunterseiten von Lupinen und an Blütenständen. Durch den ausgeschiedenen Honigtau werden die Pflanzen klebrig. Bei einem starken Befall können die Pflanzen welken und absterben. Kontrollieren Sie Lupinen im Frühjahr auf einen Befall und spritzen Sie bei Bedarf ein Insektizid.

Blattbräune an Lupinen

Bei dieser für Lupinen bedrohlichen Krankheit entstehen an Stängeln und auf Blättern große abgestorbene Zonen und manchmal erkennt man rosa Sporen auf den erkrankten Pflanzenteilen. Die Pflanzen können rasch zusammenbrechen. Es gibt kein wirksames Fungizid, deshalb sollte man betroffene Pflanzen schnellstmöglich entfernen.

Gallmücke an Taglilien

Nach der Eiablage im Spätfrühling oder Frühsommer ernähren sich die winzigen Maden im Innern der Blütenknospen. Diese wirken angeschwollen und gestaucht, sie vertrocknen oder faulen, ohne aufzublühen. Insektizid-Bekandlungen erreichen die Larven im Innern der Galle nicht. Sorten, die erst ab Mitte Juli blühen, bleiben von einem Befall verschont.

Minierfliege an Chrysanthemen

Die Maden der winzigen Fliege rufen weiße oder braune Gangminen in den Blättern von Chrysanthemen, Cinerarien, Margeriten und verwandten Sommerblumen hervor. An Pflanzen im Haus treten mehrere Generationen im Jahr auf. Bei einem schwächeren Befall kann man die betroffenen Blätter abpflücken, ansonsten muss man ein systemisches Insektizid einsetzen.

Weißrost an Chrysanthemen

Weißrost ist mittlerweile stärker verbreitet als der gewöhnliche Rost (*rechts*). Schmutzig weiße Pusteln bilden sich auf der Blattunterseite, während auf der Oberseite blasse Dellen entstehen. Entfernen Sie betroffene Pflanzen und die benachbarten Chrysanthemen, schneiden Sie davon keine Stecklinge. Man kann mit einem Fungizid gegen Rostpilze spritzen.

Rost an Chrysanthemen

Die Krankheit tritt im Spätsommer auf, obwohl inzwischen viele Sorten resistent dagegen sind. Dunkelbraune Pusteln entstehen auf der Blattunterseite, gegenüber auf der Blattoberseite blassgrüne Flecken. Blätter können abfallen, die Pflanzen blühen schwächer. Entfernen Sie erkrankte Pflanzenteile, streifen Sie bei Stecklingen die unteren Blätter vor dem Stecken ab.

Schwarzfleckenkrankheit

Diese Bakterienkrankheit beginnt auf den Blättern von Rittersporn, doch sie greift über auf Stängel und Blüten. Die Bakterien werden vom Boden auf die Blätter gespritzt, wo sie zunächst große schwarze Flecken hervorrufen. Da es keine zugelassenen Pestizide zur Bekämpfung der Krankheit gibt, bleibt nur, stark befallene Pflanzen so schnell wie möglich zu entfernen.

Echter Mehltau an Rittersporn

Rittersporn ist sehr anfällig für Echten Mehltau, besonders während heißer Sommer. Ein pudrig weißer Belag bildet sich auf Blättern und an Stängeln. Um die Gefahr zu lindern, sollte man nicht zu dicht pflanzen und infizierte Pflanzenteile entfernen. Es gibt geeignete Fungizide. *Delphinium* Pacific-Hybriden sind womöglich resistent gegen diese Krankheit.

Antherenbrand an Nelken

Bei einer Infektion bleibt der Blütenstand gestaucht und die Staubbeutel sind missgebildet, denn hier entwickeln sich die Sporen des Pilzes *Microbotryum dianthorum*. Der Pilz lebt innerhalb der gesamten Pflanze, daher sollte man Stecklinge schneiden und die Pflanzen vor dem Öffnen der Blüten entfernen. Fünf Jahre darf an derselben Stelle keine Nelke wachsen.

Stauden *Fortsetzung*

Päonienwelke

Weit verbreitet tritt an Pfingstrosen der Pilz *Botrytis paeoniae* auf. Im Frühjahr oder Frühsommer können Triebe welken und absterben. Ein grauer, pelziger Belag bildet sich auf braunen Stellen am Stängelgrund, braune Flecken werden auf den Blättern, vor allem an den Blattspitzen, sichtbar. Der Pilz entlässt Sporen in die Luft und bildet Dauersporen (Sklero-tien), die im Boden lange überdauern. Deswegen sollte man betroffene Pflanzenteile zügig wegschneiden, notfalls bis unter die Erdoberfläche. Das Schnittmaterial darf nicht auf den Kompost gelangen, die Erde rund um den Wurzelhals muss man erneuern. Die Krankheit breitet sich stark bei hoher Luftfeuchtigkeit aus, halten Sie daher weite Pflanzabstände ein.

Echter Mehltau an Akanthus

Ein weißer Belag entsteht auf der Oberseite der Blätter. Einmal einge-wachsen, können Akanthustriebe sehr dicht stehen, deshalb sollte man die Bestände möglichst gut auslichten, um den Ausbruch der Krankheit zu verhindern. Schneiden Sie erkrankte Pflanzenteile aus und gießen Sie nur im Bereich der Wurzeln. Spritzungen mit ausgewiesenen Fungiziden helfen.

Carla-Virus an Nieswurz

Der »Schwarze Tod« führt zu schwarz verfärbten und verformten Blättern und Blüten von Nieswurz (*Helleborus*). Im frühen Stadium erkennt man deutliche schwarze Striemen auf den Adern der Laub- und Blütenblätter. Über die Krankheit und ihre Bekämpfung ist wenig bekannt. Entfernen Sie befallene Pflanzen und verhindern Sie Virusübertragung durch Blattläuse.

Blattflecken an Nieswurz

Der pilzliche Krankheitserreger *Microsphaeropsis hellebori* ruft die Blattflecken an *Helleborus*-Arten und Sorten hervor. Große braune Punkte erscheinen auf den Blättern, die einen silbrigen Glanz annehmen können. Bei einem schweren Befall kann das ganze Blatt absterben, was die ver-bliebene Pflanze schwächt. Manch-mal sind Blütenstände betroffen, die Blüten können dann welken. Die Infektion kann bei hoher Luftfeuch-tigkeit sehr schnell verlaufen. Indem man das Laub vom Vorjahr entfernt, bevor sich Blüten entwickeln, beseitigt man die überwinternden Sporen. Selbst wenn man viele Blätter von einer Pflanze entfernt, kann sie sich bald erholen. Infizierte Pflanzenteile muss man schnell entfernen.

Rost an Stockrosen

Der Erreger des Malvenrosts (*Puccinia malvacearum*) tritt auch an *Lavatera* und verwandten Gattungen auf. Er greift alle grünen Pflanzenteile an, jedoch erkennt man ihn am deutlichsten an den oberen Blättern und Hochblättern, die gelbe bis orangefarbene Flecken auf der Oberseite und orangebraune Pusteln auf der Unterseite aufweisen. Gewebeteile können absterben, sodass die Blätter unansehnlich und zerrupft wirken. Die Sporen werden über den Wind verteilt, milde Winter überdauert der Pilz auf infizierten Blättern und Pflanzenabfällen. Es gibt keine resistenten Stockrosen, doch scheint *Althaea rugosa* weniger anfällig zu sein. Einen Schutz bringen häufige Spritzungen mit einem Fungizid gegen Rost.

Rost an Immergrün

Zusätzlich zu den bekannten Rostsymptomen (*siehe S. 41*) blühen die infizierten Pflanzen nicht mehr, sie wachsen aufrecht und womöglich verkrüppelt. Der Pilz kann im Wurzelwerk überdauern, daher muss man jede betroffene Pflanze ausgraben und entfernen. Da der Pilz ausdauert, haben alle Spritzmittel gegen Rost nur eine begrenzte Wirkung.

Virosen an *Canna*

Canna-Pflanzen werden von verschiedenen Viren befallen: Das Canna yellow mottle virus tritt nur an *Canna* auf, vom New canna yellow streak virus weiß man wenig, das Bean yellow mosaic virus infiziert viele Pflanzen, z. B Bohnen, Erbsen, Freesien, Gladiolen. Kleine aufgehellte Flecken werden auf *Canna*-Blättern sichtbar. Entfernen Sie betroffene Pflanzen.

Rost an Löwenmäulchen

Kleine dunkelbraune Pusteln entstehen auf den Blattunterseiten, gegenüber bilden sich auf den Oberseiten blasse Dellen. Bei einem starken Befall schrumpeln die Blätter ein und sterben ab, die Pflanzen werden schwer geschädigt. Die Sporen des Pilzes *Puccinia antirrhini* breiten sich über den Wind aus, doch bilden sich gelegentlich Überwinterungssporen.

Das größte Augenmerk gilt Pflanzen, die man über mehrere Jahre hinweg kultiviert. Manche Sorten sollen resistent gegen Rost sein, doch es bilden sich immer neue Stämme des Erregers und die Resistenz wird früher oder später gebrochen. Spritzmittel gegen Rost können wirken. Entfernen Sie Löwenmäulchen im Herbst, damit keine Erreger übertragen werden.

Einjährige

Auf Sommerblumen legen wir großen Wert, egal ob wir sie im Frühjahr gekauft oder selbst aus Samen gezogen haben. Schädlinge und Krankheiten zerstören die Hoffnung auf die blühende Pracht.

Wenn Schäden auftreten an
● Cinerarien, Gerbera oder Margeriten: siehe Minierfliege an Chrysanthemen (*S. 95*)

Siehe auch
● Krautige Pflanzen: Verbreitete Krankheiten und Schädlinge (*S. 90–91*)
● Kenne Deinen Feind: Krankheiten und Schädlinge (*S. 26–43*)

Raupen des Kohlweißlings an Kapuzinerkresse

Sowohl die Larven des Großen wie auch des Kleinen Kohlweißlings (*siehe S. 115*) können im Verlauf des Sommers die Blätter von Kapuzinerkresse vernichten und so die Pflanzen entlauben. Die borstigen, hellgelben Raupen mit schwarzem Punktemuster werden bis zu 40 mm lang. Zwei Generationen entwickeln sich in einem Jahr und die Raupen erscheinen vom Frühling bis zum Herbst. Am besten sammelt man sie von Hand ab, doch wenn der Befall zu stark ist, kann man mit Insektiziden gegen beißende Insekten spritzen, z. B. mit Pyrethrinen. Zur Zeit der Blüte bringt man Spritzmittel erst am Abend aus, um Bienen nicht zu gefährden.

Falscher Mehltau an *Impatiens*

Der Erreger des Falschen Mehltaus (*Plasmopara obducens*) trat zunächst an *Impatiens*-Sorten der Neuguinea-Gruppe auf (Fleißiges Lieschen), doch sind alle Springkrautgewächse betroffen. Blätter vergilben und werden abgestoßen, sodass oft nur noch die Stängel übrig bleiben und absterben. Auf der Blattunterseite kann ein weißfilziger Pilzbelag auftreten. Um eine Infektion zu vermeiden, sollte man Pflanzen in weitem Abstand setzen, möglichst nicht von oben gießen und ausreichend düngen. Befallene Pflanzen sollte man sofort entfernen. Man darf sie nicht auf den Kompost geben, um das Risiko weiterer Infektionen zu umgehen. Auf betroffenen Stellen sollten einige Jahre lang keine *Impatiens* mehr wachsen.

Echter Mehltau an Duft-Wicken

Auf den Blättern zeigt sich ein weißer Belag. Zuerst treten unscheinbare bleiche Flecken auf, die sich später auf der Pflanze ausbreiten. Die Blätter können vergilben und absterben. Um der Krankheit vorzubeugen, sollte das Wurzelwerk nicht austrocknen und man fördert die Durchlüftung durch weite Abstände oder einen Rückschnitt der Pflanzen.

Falscher Mehltau an Veilchen

Rötlich braune Flecken, gewöhnlich mit gelbem Ring, erscheinen an den Blattoberseiten von Veilchen und Stiefmütterchen, pilzlicher Belag entwickelt sich an den Blattunterseiten. Stark betroffene Pflanzen welken, sind geschwächt oder sterben ab. Pflücken Sie betroffene Blätter ab und entfernen Sie die Pflanzen, wenn sich die Krankheit stark bemerkbar macht.

Blattflecken an Veilchen

Zwei Pilze verursachen schwarz-weiße Flecken an Veilchen und Stiefmütterchen, ein weiterer ruft schwarze Blattflecken und Wurzelhalsfäule hervor. Sporen entstehen an der Unterseite der Blätter und werden über Wasserspritzer verbreitet. Die Erreger können einige Jahre im Boden überdauern. Wechseln Sie die Pflanzstellen und die eingesetzten Wirkstoffe ab.

Veilchensterben

Der Ausdruck umschreibt nur vage die Stängel- und Wurzelfäule an *Viola*-Arten und -Sorten. Das Laub stirbt ab, womöglich die ganze Pflanze. Verschiedene bodenbürtige Krankheiten rufen solche Symptome hervor, u. a. *Pythium*-Arten. Entfernen Sie erkrankte Pflanzen. Ein Wechsel der Kulturfläche verhindert, dass sich Keime im Boden anreichern.

Falscher Mehltau an Ziertabak

Auf den Blättern von *Nicotiana*-Sorten entstehen gelbe Flecken, denen bläulicher Pilzbelag auf den Blattunterseiten gegenüberliegt. Während des Sommers breitet sich die Krankheit über vom Wind verwehte Sporen aus. Dauersporen können im Boden für unbestimmte Zeit infektiös bleiben. Entfernen Sie betroffene Pflanzen, wechseln Sie Sommerblumen ab.

Virosen an Ziertabak

An Tabak leben verschiedene Viren, etwa das Tabakmosaikvirus und das Tabaknekrosevirus. Es kommt zu gelber Scheckung, Sprenkelung oder mosaikartiger Verfärbung, zu gestauchtem oder verdrehtem Wuchs. Entfernen Sie alle erkrankten Pflanzen. Waschen Sie nach Berührung die Hände, desinfizieren Sie Werkzeuge und verwenden Sie frische Erde.

Virosen an Petunien

Verschiedene Viruserkrankungen treten an Petunien auf. Typische Symptome sind gelbe Punkte oder Flecken sowie Striemen auf den Blättern. Die Pflanzen wirken vielleicht gestaucht. Entfernen Sie betroffene Pflanzen umgehend, denn es gibt kein Gegenmittel. Waschen Sie die Hände und sterilisieren Sie Werkzeug vor und nach dem Umgang mit Petunien.

Zwiebeln und Knollen

Manche Krankheiten und Schädlinge wie das Lilienhähnchen erkennt man sofort, doch Schäden im Boden oder während der Ruheperiode entdeckt man vielleicht erst, wenn es schon zu spät ist.

Wenn Schäden auftreten an
● Taglilien, Schwertlilien, Gladiolen: siehe Blattflecken an Liliengewächsen (*rechte Seite*)

Siehe auch
● Krautige Pflanzen: Verbreitete Krankheiten und Schädlinge (*S. 90–91*)
● Kenne Deinen Feind: Krankheiten und Schädlinge (*S. 26–43*)

Gladiolenthrips

Larven sind gelblich weiß, die erwachsenen, schmalen, 2 mm langen Tiere schwarz. Durch ihre Saugtätigkeit bewirken sie eine helle Sprenkelung auf Blättern und Blüten, die sich oft nicht mehr öffnen. Spritzen Sie beim ersten Auftreten der Schäden ein Insektizid gegen saugende Insekten. Entfernen Sie abgestorbene Schaftspitzen, um überwinternde Thripse loszuwerden.

Narzissenzwiebelmilbe

Zwiebeln von Ritterstern (*Hippeastrum*) und Narzissen, die man für eine frühe Blüte im Haus antreibt, sind anfällig. Die mikroskopisch kleinen Milben leben im Zwiebelhals, wo sie saugen und dadurch zum Verbräunen der Blattränder und Blütenstände führen. Das Wachstum stockt, die Blätter wirken eingerollt. Befallene Zwiebeln sollte man entfernen.

Lilienhähnchen

Die Larven wie die erwachsenen Tiere fressen an Blättern von Lilien und Schachblumen (Fritillarien). Der ausgewachsene, glänzend ziegelrote Käfer mit schwarzen Beinen und schwarzem Kopf ist 8 mm groß. Die rotbraunen Larven haben schwarze Köpfe, oft sind sie völlig von ihrem nassen, schwarzen Kot bedeckt. Schäden treten vom Frühling bis zum frühen Herbst meistens in Schüben auf. Neben dem Fraß an den Blättern schädigen Käfer und Larven auch Blüten und Samenkapseln. Um den Schädling in Schach zu halten, sollte man die Käfer absammeln. Oder man spritzt ein Insektizid, sobald der erste Schaden bemerkt wird. Als gut wirksam hat sich Natur-Pyrethrum erwiesen.

Grauschimmel an Lilien

Der Pilz *Botrytis elliptica* ruft auf den Blättern ovale wässrige Flecken hervor, die meist größer werden. Sie können das ganze Blatt abtöten und sich auf die Schäfte ausdehnen. Betroffene Pflanzenteile muss man entfernen und vernichten. Durch eine gute Belüftung der Blätter kann sich die Krankheit weniger gut ausbreiten. Es gibt keine wirksamen Fungizide.

Blattfleckenkrankheit an Iris

Der Pilz *Drechslera iridis* ruft an Zwiebeln von Schwertlilien schwarze Flecken und Striemen hervor. Auf den Blättern zeigen sich gelbe Striche, sie können sich rotbraun verfärben, verdorren oder werden schwarz. Der Erreger überwintert in Zwiebeln, Pflanzenabfällen und vermutlich im Boden. Entfernen Sie betroffene Zwiebeln, wechseln Sie den Standort.

Rost an Iris

Der Pilz *Puccinia iridis* ruft auf Blättern helle Flecken hervor, in denen braune oder schwarze, schlitzähnliche Pusteln liegen. Die Blätter welken mit der Zeit und sterben ab. Ältere Blätter sind am stärksten betroffen. Vermutlich wechselt der Pilz innerhalb seines Entwicklungszyklus auf Brennnesseln über. Schneiden Sie die am stärksten angegriffenen Blätter weg.

Brandpilz an Anemonen

Der Pilz *Urocystis anemones* ruft dunkle Striemen und Blasen auf Blättern und Stängeln hervor. Er befällt Anemonen, Kriechenden Hahnenfuß und Trollblumen. Unzählige Sporen werden freigesetzt, die in Pflanzenresten überdauern können. Das Entfernen erkrankter Pflanzenteile schränkt die Verbreitung ein. Pflanzen Sie einige Jahre lang keine Wirtspflanzen.

Sägewespen an Iris

Anfällig sind nur Arten der Sumpfzone wie *Iris pseudacorus*, *I. ensata*, *I. spuria*, *I. versicolor* und *I. laevigata*. Graubraune, bis zu 25 mm lange, raupenartige Larven fressen im Hochsommer an den Blättern und können zur Entlaubung führen. Spritzen Sie am Teich keine Insektizide, um Fische und andere Tiere nicht zu gefährden. Sammeln Sie die Larven ab.

Blattflecken an Liliengewächsen

Diese Pilzkrankheit tritt an Iris und verwandten Pflanzen wie Taglilien und Gladiolen auf. Auf Blättern rhizombildender Iris entstehen braune Punkte mit gelbem Rand, Zwiebeliris zeigen graue Flecken ohne Rand. Die Blätter können absterben, das geschieht meist nach der Blüte. Die Krankheit tritt verstärkt auf nassem Boden und bei feuchter Witterung auf.

Mäuse und Eichhörnchen

Beide graben Zwiebeln und Knollen aus, bevorzugt von Krokussen und Tulpen. Die Pflanzen sind besonders im Jahr nach dem Stecken gefährdet. Die Tiere fressen die Zwiebel oder die Knolle, das Laub bleibt auf der Erde liegen. Treten Sie nach dem Stecken die Erde gut fest, um die Pflanzstellen zu verbergen. Begrenzte Möglichkeiten der Bekämpfung siehe S. 36–37.

Zwiebeln und Knollen *Fortsetzung*

Blattfäule an Narzissen

Deutlich wird die als »Narzissenfeuer« bezeichnete Krankheit, wenn am Austrieb eine graue Sporenmasse erkennbar ist, manchmal wird auch nur ein Blattrand befallen. Betroffene Blätter und Blütenschäfte sterben ab. Entfernen Sie befallene Blätter und die Zwiebeln, an denen man die Dauersporen (Sklerotien) erkennen kann. Räumen Sie Blattreste immer weg.

Älchen an Narzissen

Die winzigen Fadenwürmer leben im Innern von Zwiebeln und Blättern. Betroffene Pflanzen wachsen schlecht, die Zwiebeln faulen und schneidet man eine Zwiebel durch, erkennt man konzentrische braune Ringe. Entfernen Sie befallene Pflanzen und alle Narzissen im Umkreis von 1 m. Durch den Kauf hochwertiger Zwiebeln vermeidet man das Einschleppen.

Große Narzissenfliege

Die plumpen, cremeweißen, bis zu 18 mm langen Maden fressen die Zwiebeln von Schneeglöckchen, Narzissen und Ritterstern (»Amaryllis«) aus. Die Zwiebeln faulen oft oder bilden nur noch wenige dünne Blätter. Auf Pflanzen im Schatten legen die Weibchen weniger Eier ab, sie bevorzugen warme, sonnige Stellen. Es gibt keine wirksame Bekämpfung.

Zwiebelgrundfäule an Narzissen

Am häufigsten tritt diese bedrohliche Krankheit in heißen Sommern auf, wenn die Zwiebeln von Natur aus einziehen. Aus der Erde genommene Zwiebeln faulen nach einem Monat, der Zwiebelgrund wird weich, eine rötliche Fäulnis breitet sich über die inneren Schuppen aus, manchmal bildet sich rosa Schimmel. Auch Zwiebeln im Boden faulen und die Krankheit geht auf Nachbarpflanzen über. Vermutlich dringt der Pilz über die Wurzeln, etwa durch Wunden, ein. Die Krankheit lässt sich mindern, indem man Zwiebeln im Juni aus der Erde nimmt und an einem kühlen, luftigen Platz lagert. Weiche Zwiebeln werden verworfen. *Narcissus triandrus, N. jonquilla* und *N. tazetta* sind resistent gegen diese Krankheit.

Ramularia-Blattflecken

Diese Pilzkrankheit ruft an Narzissenblättern lang gestreckte gelbe Schadstellen hervor, darauf entwickelt sich ein grauer Schimmelbelag. Betroffene Blätter sterben ab, die Ausbeute an Zwiebeln und die Blühintensität lassen nach. Es bilden sich Dauerformen, die in den Boden gelangen. Der Erreger wird nicht über Zwiebeln übertragen. Pflanzen Sie immer an neue Plätze.

Blatt- und Zwiebelerkrankung

Die Spitzen austreibender Blätter von Narzissen trocknen rötlich braun ein, die Schadstellen breiten sich nach unten aus. Die Blätter vergilben und welken, mitunter entstehen braune Flecken auf den Blüten. Um die Ausbreitung der Krankheit zu begrenzen, sollten Sie befallene Pflanzenteile entfernen. Lagern Sie Zwiebeln nicht zu kühl, pflanzen Sie nicht zu spät.

Tulpenfeuer

Braune Trockenstellen verformen den jungen Austrieb. Eingesunkene gelbe Punkte mit grünem Ring erscheinen auf den Blättern der Nachbarpflanzen. Bei hoher Luftfeuchtigkeit bildet sich ein grauer Schimmelbelag. Kontrollieren Sie vor dem Pflanzen, ob sich kleine schwarze Dauerkörper auf dem geschädigten Gewebe zeigen. Pflanzen Sie drei Jahre lang keine Tulpen.

Schimmel an Schneeglöckchen

Vor allem in milden Wintern tritt Grauschimmel auf. Das Wachstum ist geschwächt, Blätter und Blütenschäfte faulen. Erkranktes Gewebe ist manchmal von einem grauen, pelzigen Belag bedeckt. Kleine schwarze Dauersporen können sich auf den faulenden Zwiebeln bilden. Graben Sie infizierte Horste aus und pflanzen Sie möglichst lange nicht nach.

Lagerfäulen

Zwiebeln von Narzissen sind anfällig für eine Reihe von Fäulnispilzen, die bei schlechten Lagerbedingungen zu drastischen Ausfällen führen können. Lilien und Schwertlilien leiden öfter unter Weichfäule, die blauen oder grünen Sporen dringen über Wunden ins Gewebe ein. Lagern Sie nur intakte Zwiebeln an einem kühlen, schattierten, gut belüfteten Ort.

Brandpilz an Dahlien

Es entstehen runde oder ovale Flecken, die sich vergrößern, dunkler werden und zusammenfließen, doch behalten sie meist einen gelben Rand. Die Krankheitserscheinungen breiten sich nach oben aus. Dauersporen verharren im Boden, doch der Pilz wird nicht über Samen oder Knollen übertragen. Setzen Sie nach einem Befall für fünf Jahre mit der Kultur aus.

Rasen

Falls Sie auf eine tadellose Rasenfläche Wert legen, sollten Sie die verschiedenen Krankheiten und Schädlinge kennen, die Ihrem Ziel im Wege stehen. Viele davon sind gut bekannt, etwa Maulwürfe und Hexenringe, andere wie der Schneeschimmel treten versteckter in Erscheinung.

Siehe auch
● Kenne Deinen Feind: Krankheiten und Schädlinge (*S. 26–43*)
● Pathogene Nematoden (*S. 63*)

Maulwurf
Maulwürfe ernähren sich von Regenwürmern und Bodeninsekten, die in ihr unterirdisches Tunnelsystem eindringen. Sie werfen beim Graben Erdhügel auf und es entstehen Unebenheiten, wenn Gänge einbrechen. Maulwürfe stehen in Deutschland unter Naturschutz, man darf sie nicht stören. Wühlmäuse fängt man mit geeigneten Fallen (*siehe S. 57*).

Sandbienen
Manche Solitärbienen wie die *Andrena*-Arten graben ihre Tunnelnester in den Wurzelfilz. Hauptsächlich sind sie im Frühjahr aktiv, dann graben die Weibchen senkrechte Löcher, über denen sich ein Kegel aus ausgegrabener Erde erhebt. Es entsteht dadurch kein Schaden und da Wildbienen wichtige Bestäuber sind, sollte man sie tolerieren und nicht vernichten.

Laubkäferlarven
Schäden im Rasen rufen Gartenlaubkäfer, Große Graslaubkäfer und Junikäfer hervor, denn die gekrümmten, bis zu 18 mm langen Larven fressen Graswurzeln. Zwischen Herbst und Frühjahr scharren Füchse und Krähen die lockere Grasnarbe auf der Suche nach den Larven auf. Zur Bekämpfung der Larven kann man pathogene Nematoden einsetzen (*siehe S. 63*).

Schnakenlarven
Die Larven von *Tipula*-Arten können von ausgehendem Winter bis Sommer ganze Flecken im Rasen abtöten, weil sie an Gräserwurzeln fressen. Die Larven mit zäher lediger Haut sind graubraun und bis zu 40 mm lang. Bekämpfen kann man die jungen Larven im frühen Herbst mit Insektiziden oder man setzt pathogene Nematoden ein (*siehe S. 63*).

Ameisen
Ameisen sind im Rasen eher lästig, sie bewirken keinen Schaden. Sie durchhöhlen für ihren Nestbau den Untergrund und bringen Erde an die Oberfläche. Das stört beim Mähen und die Oberfläche wird uneben, doch das Gras wird nicht geschädigt. Ameisennester lassen sich schwer beseitigen, am besten erträgt man sie. Rechen Sie die aufgehäufte Erde weg.

Regenwurmhäufchen

Manche Regenwürmer hinterlassen auf der Rasenoberfläche Häufchen ihrer Ausscheidungen, vor allem im Herbst und im Frühjahr. Das kann unansehnlich wirken und das Mähen wird erschwert. Außerdem keimen Samen von Unkräutern darauf. Regenwürmer kann und sollte man nicht bekämpfen. Rechen Sie die eingetrockneten Ausscheidungen weg.

Hutpilze im Gras

Häufig bilden sich Fruchtkörper von Pilzen als Folge von angesammelter organischer Substanz (Rasenfilz). Die meisten dieser Hutpilze töten das Gras nicht ab, da sie aus abgestorbener Pflanzenmasse Nährstoffe freisetzen. Pilzkolonien können das gute Aussehen stören, es bleibt nur, sie wegzupflücken. Um das Pilzwachstum einzudämmen, hilft Vertikutieren.

Schleimpilze

Diese harmlosen, an der Oberfläche lebenden Organismen überziehen oft im Spätfrühling oder Frühherbst die Grashalme. Ihre Färbung variiert, meist sind sie weiß oder gelb und es bilden sich graue runde Sporenträger. Die Erscheinung hält nur für kurze Zeit an, man kann sie einfach wegwaschen, wenn man das für nötig hält. Man muss sie aber nicht bekämpfen.

Rotspitzigkeit

Häufig sind schmalblättrige Rasengräser betroffen, vorwiegend im Spätsommer und Herbst. Rötliche Stellen im Rasen und schleimige rosa Fruchtkörper erscheinen. Wenn sie trocknen, werden sie leicht mit den Schuhsohlen übertragen. Das Gras erholt sich gewöhnlich, dazu tragen eine gute Durchlüftung und ausreichende Stickstoffdüngung bei.

Hexenringe

Verschiedene Pilzarten bilden im Rasen Ringe aus Fruchtkörpern. Im schlimmsten Fall stirbt Gras bereichsweise ab, dort wo sich ein dichter Filz aus Pilzfäden im Boden gebildet hat. Die Ausbreitung lässt sich verhindern, indem man außerhalb des Ringes betroffene Gräser und den Boden bis in eine Tiefe von 30 cm aushebt, mit frischer Erde auffüllt und neu einsät.

Schneeschimmel

Stellen mit gelbem, abgestorbenem Gras werden bei mildem, feuchtem Wetter im Frühjahr sichtbar und ein weißer oder rosa Pilzbelag kann die Halme überziehen. Verbessern Sie die Durchlüftung, schneiden Sie überhängende Äste von Gehölzen zurück und düngen Sie ab Herbst keinen Stickstoff mehr. Auch Eisensulfat kann lindernd wirken.

Obst und Gemüse

Die Ernte von selbst angebautem Obst und Gemüse wird als sehr befriedigend empfunden. Doch nichts trübt die Freude mehr, als wenn Tomaten oder Kartoffen von Krautfäule befallen sind, Maden in den Früchten fressen oder in den Erbsenhülsen Raupen leben. Zunächst sollte man versuchen, die Bedingungen für Schaderreger zu verschlechtern – dafür muss man allerdings die Ursache des Problems erkennen. Als Nächstes gilt es, rasch einzuschreiten. Manchmal passiert der Schaden, bevor man etwas dagegen unternehmen konnte, doch man kann für die kommenden Jahre vorsorgen.

Gemüse: Verbreitete Krankheiten und Schädlinge

Trostlos ist es, ansehen zu müssen, wie eine ganze Gemüseernte im Garten verloren geht. Mit sachkundigen Kulturmethoden und Schutzmaßnahmen lassen sich Verluste gering halten. Probleme müssen aber frühzeitig erkannt werden, damit man rechtzeitig einschreiten kann, bevor sie überhandnehmen.

Eingeteilt ist dieses Kapitel in:

Eulenraupen Die bräunlich weißen Larven einiger Nachtfalter leben in den oberen Bodenschichten, wo sie Löcher in Wurzelgemüse und Kartoffelknollen fressen. Sämlinge und Salat können durch den Wurzelfraß eingehen.

Drahtwürmer Die schmalen, orangegelben, bis zu 25 mm langen Larven der Schnellkäfer (*siehe S. 33*) haben drei kurze Beinpaare am Vorderleib. Sie schädigen vorwiegend in frisch angelegten Gärten, wo sie Sämlinge vernichten und Löcher in Kartoffelknollen, Zwiebeln und Wurzelgemüse bohren. Nach zwei Jahren nimmt ihre Zahl ab.

Kartoffelkäfer Der Käfer und seine orangebraunen Larven ernähren sich von Teilen der Kartoffelpflanze und fressen an Blättern von Tomaten, Auberginen und Paprika. Es kann zur völligen Entlaubung kommen.

Eulenraupen kann man nicht wirkungsvoll bekämpfen. Falls Pflanzen welken, sucht man den Wurzelraum ab und entfernt die Raupen.

Drahtwürmer bohren Löcher in Kartoffelknollen, doch es gibt kein Insektizid zur Bekämpfung.

Der Kartoffelkäfer wurde erst 1874 von Nordamerika nach Frankreich eingeschleppt. Im 20. Jahrhundert verbreitete er sich in Mitteleuropa.

Nektarräuber Bienen sollen von vorn in die Blüte eindringen, damit sie die Staubblätter passieren und dadurch Pollen mitnehmen, den sie auf anderen Blüten abladen. Manche Hummeln schummeln und bohren Löcher in die Rückseite der Blüten von Stangenbohnen und Dicken Bohnen, damit sie an den Nektar herankommen. Dagegen lässt sich leider nichts unternehmen.

Kohlhernie Bei dieser Krankheit der Kohlgewächse bleiben die Pflanzen verkümmert, Blätter können an heißen Tagen welken, erholen sich aber nachts wieder, Wurzeln verdicken und verdrehen sich zu einem Geschwür. Infiziert werden alle Kreuzblütler, meist schleppt man die Krankheit mit Jungpflanzen in den Garten ein. Eine verbesserte Wasserführung und Kalkgaben lindern das Problem, Sämlinge sollte man im Topf lange genug vorziehen.

Weißrost Diese Krankheit tritt an vielen Kreuzblütlern häufig auf. Weiße, kalkartige Ausblühungen erscheinen auf der Blattunterseite, an der Blattoberseite entstehen runzlige bleiche Stellen. Obwohl die Infektion unansehnlich wirkt, stellt Weißrost keine bedrohliche Krankheit dar. Die Bekämpfung reduziert sich auf das Entfernen befallener Blätter.

Honigbienen nutzen die Löcher, die Hummeln gemacht haben, um an den Nektar zu kommen. Sie umgehen dadurch die Bestäubung.

Es gibt keine Pestizide, um Kohlhernie zu bekämpfen, doch wurde eine Reihe resistenter Sorten gezüchtet.

Um die Gefahr durch Weißrost zu mindern, setzen Sie Pflanzen in weiten Abständen und wechseln Sie die Anbauflächen (*siehe S. 23*).

Obst: Verbreitete Krankheiten und Schädlinge

Früchte aus dem Garten sind eine wertvolle Gabe, doch auch sie sind von Schaderregern betroffen. Jeden Befall sollte man ernst nehmen, damit die Kultur dieser langlebigen Pflanzen gelingt.

Eingeteilt ist das Obst-Kapitel in:

- Obstbäume: Äpfel und Birnen (*siehe S. 122–123*)
- Obstbäume: Kirschen und Pflaumen (*siehe S. 124–125*)
- Beerenobst (*siehe S. 126–127*)
- Himbeeren und Erdbeeren (*siehe S. 128–129*)

Weiche Schildlaus Dieses saugende Insekt lebt an Stämmen und Ästen von Pfirsich, Weinreben, Pflaumen und Beerensträuchern, doch ebenso an Ziersträuchern. Erwachsene Weibchen sind mit einem rundlich-ovalen dunkelbraunen Schild von bis zu 6 mm Länge bedeckt.

Frostspanner Die erwachsenen Falter erscheinen im Spätherbst und legen Eier an Apfel-, Birnen-, Pflaumen-, Zwetschgenbäume und viele andere Laubbäume, im Frühjahr fressen die hellgrünen Larven an Blättern und Blüten. Leimringe, die man im Herbst an den Stämmen anbringt, verhindern die Eiablage durch die flügellosen Weibchen.

Spritzungen im Winter mit einem Präparat aus vegetabilem Öl bekämpfen die Weiche Schildlaus an Obstbäumen.

Um die frisch geschlüpften Larven des Frostspanners zu bekämpfen, spritzt man mit Insektiziden zum Zeitpunkt des Knospenaufbruchs.

Schäden durch Vögel vermeidet man, indem man Obstgehölze mit einem Drahtkasten oder einem Kunststoffnetz umgibt (*siehe S. 58*).

Schäden durch Vögel Gimpel fressen im Winter manchmal die Knospen von Obstgehölzen. Amseln und andere Vögel vertilgen während des Sommers Beeren und picken Löcher in Äpfel, Birnen und Pflaumen.

Obstbaumspinnmilbe Der winzige Schädling saugt an der Unterseite von Apfel- oder Pflaumenblättern, dadurch entsteht eine blasse Sprenkelung auf der Blattoberfläche. Zu einem starken Befall kann es in warmen Sommern kommen, die Blätter fallen dann vorzeitig ab.

Blütenwelke Viele Obstbäume leiden unter dieser Krankheit, die bei feuchter Frühjahrswitterung am stärksten ausgeprägt ist. Die Blüten welken und verbräunen und der pilzliche Erreger kann in das Fruchtholz eindringen. Dadurch sterben Blätter ab oder es entstehen krebsartige Wucherungen auf den Ästen. Die Neuinfektion geht von Sporen aus Befallsstellen vom Vorjahr zurück.

Feuerbrand Die Bakterienkrankheit tritt an Pfirsich, Weinreben, Pflaumen und Beerensträuchern, doch ebenso an Ziersträuchern wie Feuerdorn, Zwergmispeln und Felsenbirnen auf; *Prunus*-Arten sind nicht betroffen. Blätter an infizierten Trieben welken und sehen aus wie verbrannt. Die Krankheit ist meldepflichtig, bei einem Befall muss das nächstgelegene Pflanzenschutzamt verständigt werden.

Obstbaumspinnmilben an Obstbäumen lassen sich durch Spritzungen mit Mitteln auf Erdölbasis bekämpfen.

Um die Blütenwelke zurückzudrängen, schneiden Sie befallene Triebe im Sommer aus und entfernen Sie faulende Früchte.

Wenn ein Obstbaum an Feuerbrand erkrankt, müssen Sie das Gehölz ganz aus dem Garten entfernen, und zwar schnell.

Hülsenfrüchtler

Erbsen und Bohnen sind zwar leicht zu ziehen und bereiten kaum Kummer, trotzdem sollte man sich auf Erbsenwickler, Blattläuse und auch andere Probleme gefasst machen.

Siehe auch
- Verbreitete Krankheiten und Schädlinge an Gemüse (S. 108–109)
- Kenne Deinen Feind: Krankheiten und Schädlinge (S. 26–43)
- Kaliummangel an Bohnen (S. 15)
- Virosen an *Canna* (S. 97)
- Fruchtwechsel (S. 23)
- Barrieren und Abwehrmittel (S. 58–59)

Blattrandkäfer

Der graubraune Rüsselkäfer wird 4–5 mm lang und hinterlässt im Sommer regelmäßige, gebuchtete Fraßstellen an den Blatträndern von Dicken Bohnen und Erbsen. Auch wenn sie stark angefressen sind, überleben die meisten Blätter und eingewachsene Pflanzen erleiden nur geringen Schaden. Sämlinge kann man durch Stäuben mit Steinmehl schützen.

Erbsenwickler

Die Weibchen legen von Früh- bis Hochsommer Eier an die Hülsen ab. Die Raupen bohren sich in die Hülsen ein und fressen die sich entwickelnden Samen. Frühe oder späte Aussaaten schnell reifender Sorten umgehen die Flugzeit der Falter. Kulturen in der Zwischenzeit kann man durch eine Mischkultur mit Tomaten schützen. Offene Lagen sind besser geschützt.

Thrips an Erbse

Thripse oder Blasenfüße sind schmal und bis zu 2 mm lang, die erwachsenen Tiere sind schwarz, die Larven beigegelb. Sie saugen an Blättern und Hülsen, was eine silbrig braune Verfärbung nach sich zieht. In warmen Sommern kann es zu einem starken Befall kommen und geschädigte Hülsen weisen unter Umständen nur ein paar einzelne Samenkörner auf.

Echter Mehltau an Erbsen

Die Blattoberfläche verbleicht, es entsteht ein weißer Pilzbelag, verstärkt noch durch Tropfwasserbildung. Ein starker Befall verringert die Qualität der Samen und verschlechtert den Geschmack. Der Pilz überdauert auf Pflanzenabfällen und kann über Samen übertragen werden. Frühe Kulturen und nicht so anfällige Sorten sind weniger gefährdet.

Falscher Mehltau an Erbsen

Der Pilz ruft Läsionen auf der Blattoberseite hervor, denen ein weißlicher Schimmelbelag auf der Unterseite entspricht. Betroffene Hülsen werden braun und können verdreht sein. Die Blattranken verbleichen. Sehr frühe Infektionen führen zu verkümmerten Sämlingen, die absterben. Entfernen Sie erkrankte Pflanzen, verzichten Sie im Garten für einige Jahre auf Erbsen.

Bohnenfliege
Die bis zu 8 mm langen, weißen Maden fressen an den Samen von Stangen- und Buschbohnen. Selbst wenn das Korn erhalten bleibt, keimt es womöglich nicht, weil der Keimling gefressen wurde. Es steht kein Insektizid zur Verfügung. Jungpflanzen kann man in Töpfen oder Anzuchtsystemen heranziehen und sie im empfindlichen Keimlingsstadium schützen.

Schwarze Bohnenlaus
Von Früh- bis Hochsommer befällt die Laus Stangen-, Busch- und Dicke Bohnen. Dichte Kolonien besetzen Triebspitzen und Blätter, die Ernte fällt spärlich aus. Weniger anfällig sind Pflanzen von Dicken Bohnen, wenn man die Triebspitzen ausbricht, sobald sich vier Blattquirle gebildet haben. Man kann zur Abwehr mit Gesteinsmehl oder Algenkalk stäuben.

Rost an Bohnen
Zunächst weiße, später dunkelbraune Pusteln erscheinen auf Blättern und Hülsen von Stangenbohnen besonders bei warm-feuchter Sommerwitterung. Da es keine Möglichkeit zur Bekämpfung gibt, muss man erkrankte Pflanzenteile unmittelbar entfernen. Vermeiden Sie Überdüngung, denn eine zu hohe Stickstoffversorgung erhöht die Anfälligkeit.

Schokoladenfleckenkrankheit
Braune oder graue Punkte mit heller Mitte entstehen auf Blättern, Blüten, Hülsen und Stängeln von Bohnen. Die Schadstellen können schwarz werden, sich vergrößern und zusammenfließen. Der Erreger überwintert im geschädigten Gewebe. Entfernen Sie betroffene Pflanzen, denn es gibt keine Fungizide. Alle Bohnensorten sind mehr oder weniger anfällig.

Fettfleckenkrankheit an Bohnen
Durch die bakterielle Infektion entstehen glasige, kantige Schadstellen auf Blättern und Hülsen. Das Gewebe bricht zusammen und wird braun, umgeben von einem gelben Hof. Rote Striemen bilden sich auf den Stängeln, die einschnüren können, Blätter sterben ab, Samen faulen oder reifen nicht aus. Wählen Sie resistente Sorten, gießen Sie nicht über die Blätter.

Blattbräune an Bohnen
Durch die Pilzkrankheit verfärbt sich das Blattgewebe rötlich braun, Schadstellen entwickeln sich aber auch auf Stängeln und Hülsen. Die Pflanzen brechen zusammen. Die Krankheit wird vorwiegend über Samen verbreitet, sie überdauert kaum auf Pflanzenresten. Man kann resistente Sorten pflanzen, es treten aber immer wieder neue Rassen des Erregers auf.

Kohlgewächse

Kohlgewächse sind anfällig für eine Reihe von Krankheiten und Schädlingen. Informieren Sie sich darüber und sorgen Sie entsprechend vor. Es empfiehlt sich, die Kulturen vor Schädlingen wie Tauben, Kohlfliegen und Raupen zu schützen.

Siehe auch
- Verbreitete Krankheiten und Schädlinge an Gemüse (*S. 108–109*)
- Kenne Deinen Feind: Krankheiten und Schädlinge (*S. 26–43*)
- Fruchtwechsel (*S. 23*)
- Barrieren und Abwehrmittel (*S. 58–59*)

Kohlerdflöhe

Alle Kohlgewächse, einschließlich Rettich, Radies und Rucola, werden von Kohlerdflöhen befallen. Sie sind nur 2–3 mm groß, meist schwarz, manchmal mit einem gelben Streifen entlang der Flügeldecken. Kohlerdflöhe fressen kleine Löcher in die Blätter und können Keimlinge abtöten. Fördern Sie das Anfangswachstum durch Gießen. Stäuben Sie mit Algenkalk.

Falscher Mehltau des Kohls

Auf der Blattoberfläche erscheinen gelbe Flecken, an der Unterseite bildet sich ein weißer Pilzbelag. Die Krankheit überdauert im Boden und bedroht in der Regel am stärksten Sämlinge. Bei Rettich können schwarze Stellen auf den Wurzeln entstehen. Verbessern Sie die Durchlüftung, vereinzeln Sie. Wählen Sie resistente Sorten und betreiben Sie Fruchtwechsel.

Sprühfleckenkrankheit

Der Pilz *Cylindrosporium concentricum* ruft große weiße Flecken hervor, die kleine grüne Punkte enthalten. Sie treten sowohl oben als auch unten an den Blättern auf. Die Symptome ändern sich je nach Witterung und Anfälligkeit der Pflanzen. Frühe Infektionen führen zu verkümmerten, missgebildeten Blättern. Diese sind später schwarz gesprenkelt und die Stiele verbleichen, dann sterben die Blätter ab. Die Krankheit befällt auch Stängel und Schoten und sie entwickelt sich stärker, wenn Blätter bei niedrigen Temperaturen längere Zeit benässt waren. Entfernen Sie erkrankte Pflanzen, verwenden Sie robustere Sorten, betreiben Sie Fruchtwechsel oder halten Sie beim Anbau von Kohlgewächsen zwei Jahre Abstand ein.

Ringfleckenkrankheit

Die von einem Pilz hervorgerufene Krankheit tritt häufig in kühlen, feuchten Regionen auf. Es entstehen auf Blättern und Schoten schwarze, kantig anmutende Flecken, oft von einem gelben Ring umgeben. Das ganze Blatt wird gelb, bei einem schweren Befall wird die Pflanze völlig entlaubt. Betreiben Sie Fruchtwechsel und pflanzen Sie resistente Sorten.

Tauben

Das ganze Jahr über können Tauben an Kohl Schaden anrichten, indem sie von den Blättern Stücke abreißen, bis nur noch Stiele und Rippen übrig bleiben. Das Abschießen ist aber nicht erlaubt. Bergen Sie die Pflanzen daher unter einem Kasten mit Netzbespannung. Vogelscheuchen oder Störgeräusche vom Band geben keinen zuverlässigen Schutz.

Kohleule

Die gelbgrünen oder braunen Raupen sind bis zu 47 mm lang. Zwei oder drei Generationen entwickeln sich im Laufe eines Jahres. Die Raupen bohren sich oft in Kohlköpfe ein und verunreinigen die essbaren Pflanzenteile mit ihrem Kot. Frisch geschlüpfte Raupen erreicht man mit Insektizid-Spritzungen, doch jene im Innern der Pflanzen erwischt man nicht mehr.

Große und Kleine Kohlfliege

Die weißen Maden werden bis zu 12 mm lang. Sie fressen an den Wurzeln von Kohl und töten junge Setzlinge oftmals ab. In Wurzeln von Rettich, Steck- und Mairüben fressen sie Höhlen. Um die Eiablage der Kohlfliege zu verhindern, bringt man rund um den Wurzelhals von Jungpflanzen einen Kragen an. Ein Kulturschutznetz tut ebenfalls gute Dienste.

Kohlweißling

Die blassgrünen samtigen Raupen des Kleinen Kohlweißlings dringen in das Innere von Kohlköpfen ein, die gelben und schwarzen borstigen Raupen des Großen Kohlweißlings fressen dagegen an den äußeren Blättern. Gut angebrachte Kulturschutznetze können aber die Eiablage zuverlässig verhindern. Für die Bekämpfung gilt das Gleiche wie für die Kohleule (*oben*).

Kohlmottenschildlaus

Die erwachsenen Insekten mit den weißen Flügeln werden 2 mm groß. An den Blattunterseiten saugen die Vollinsekten wie auch die ovalen, schuppenartigen Larven. Der Schädling befällt jedes Kohlgemüse und tritt die ganze Vegetationsperiode über auf. Bei einem starken Befall wird das Laub von klebrigem Honigtau und Schwärzepilzen (Rußtau) verunreinigt.

Mehlige Kohlblattlaus

Im Laufe des Sommers entwickeln sich dichte Kolonien der weißgrauen Läuse an den Blattunterseiten. Über den Befallsstellen vergilbt das Laub und bei jungen Pflanzen kann der Sprosskegel absterben, sodass die Kopfbildung bei Kopfkohl unterbleibt. Spritzen Sie mit einen Präparat auf der Basis von Rapsöl, wenn Läuse an jungen Pflanzen auftreten.

Kartoffeln und Pastinaken

Kartoffeln und Pastinaken sind einfach in der Kultur, doch ein optimaler Ertrag lässt sich nicht so leicht erzielen, weil Krankheiten und Schädlinge auftreten.

Wenn Schäden auftreten an
- Steckrüben und Mairübchen: siehe Kohlerdflöhe (S. 114) und Kohlfliege (S. 115)

Siehe auch
- Verbreitete Krankheiten und Schädlinge an Gemüse (S. 108–109)
- Kenne Deinen Feind: Krankheiten und Schädlinge (S. 26–43)
- Möhrenfliege (S. 121)
- Fruchtwechsel (S. 23)
- Barrieren und Abwehrmittel (S. 58–59)

Zystenälchen an Kartoffeln

Die Nematoden entwickeln sich in den Wurzeln von Kartoffeln. In der Folge stirbt das Laub von unten nach oben ab und die Pflanze wird vernichtet oder die Knollen bleiben klein. Weibchen bilden sich beim Absterben um in braune stecknadelkopfgroße Zysten, die an den Wurzeln hängen und Hunderte von Eiern enthalten. Ziehen Sie resistente Sorten in weiter Fruchtfolge.

Alternaria-Dürrfleckenkrankheit

Dunkelbraune Flecken mit konzentrischen Ringen, umgeben von einem aufgehellten Hof, erscheinen auf den Blättern. Abgestorbenes Laub verbleibt an den Pflanzen, und an den Knollen kann es zu Trockenfäule kommen. Warm-feuchte Witterung fördert die Entwicklung. Entfernen Sie Pflanzenreste, wechseln Sie Kulturen, geben Sie genug Dünger und Wasser.

Kartoffelschorf

Auf der Schale entwickeln sich korkartige unregelmäßige Flecken, die aufbrechen und die Knollen verunstalten, dabei entsteht jedoch kein großer Schaden. Schorf tritt auf sandigen Böden auf, denen Humus fehlt, am schlimmsten in trockenen Jahren. Graben Sie organische Substanz unter und gießen in der Zeit der Knollenbildung. Es gibt resistente Sorten.

Schwarzbeinigkeit

Diese Bakterienkrankheit kommt bei Saatkartoffeln vor. Manchmal sind nur ein oder zwei Stängel betroffen, die dann schwarz werden und am Grund faulen. Entfernen Sie die befallenen Pflanzen, um eine Infektion der Knollen zu vermeiden, sie würden sich nicht gut lagern lassen. Nasser Boden begünstigt die Krankheit, doch sie überdauert nicht im Boden.

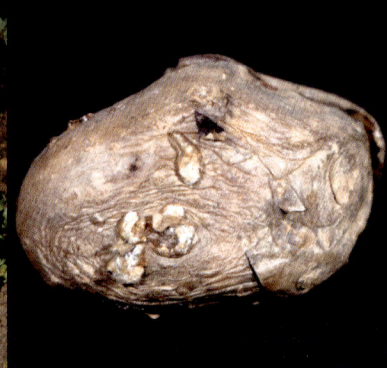

Trockenfäule

Über Wunden dringen *Fusarium*-Arten in die Knollen ein. Befallsstellen sinken ein, konzentrische Ringe und ein weißer Schimmelbelag können erscheinen und die Knollen werden hart (mumifizieren). Infizierte Saatkartoffeln treiben nicht aus oder wachsen schwach. Lagern Sie nur reife Knollen an einem kühlen, gut belüfteten Ort. Die Sorten sind unterschiedlich anfällig.

Kraut- und Knollenfäule

Erst sterben die Blattspitzen, dann das ganze Laub. Bei feuchter Witterung breitet sich die Infektion rasch aus und Sporen gelangen mit dem Regen in die Erde und infizieren die Knollen. Es bilden sich harte, rötlich braune Stellen und die Knollen lassen sich nicht mehr lagern. Sporen sind in der Luft, auch wenn keine erkrankten Pflanzen in der Nähe sind.

Phoma-Fäule

Der Pilz bewirkt Vertiefungen in den Knollen. Schneidet man durch die Befallsstellen durch, sieht man die schwarzen, tief ins Gewebe reichenden Faulstellen und in den Höhlen und auf der Oberfläche erscheinen schwarze Sporenträger. Der Erreger tritt über Wunden ein, beschädigen Sie daher die Knollen nicht bei der Ernte. Beseitigen Sie infizierte Knollen.

Silberschorf

Bei dieser von einem Pilz hervorgerufenen Lagerkrankheit entstehen rundliche, silbrig schimmernde Flecken auf der Knollenhaut, die sich mit der Zeit vergrößern. Die Krankheit führt nicht zu Ernteverlusten, doch sie beeinträchtigt die Wuchskraft. Übertragen wird die Krankheit über Saatkartoffeln oder Sporen im Boden. Ernten Sie spät, halten Sie Lagerräume sauber.

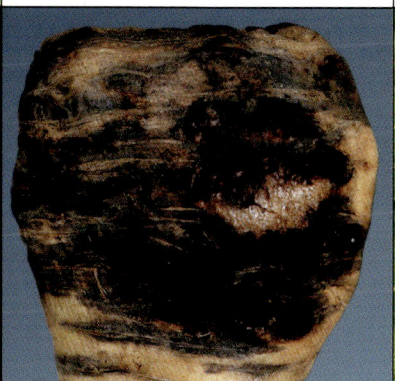

Pfropfenkrankheit

Durch die Vireninfektion erscheinen dunkle Ringe auf den Knollen und braune, oft bogenförmige Zonen im Innern der Knollen. Die Pflanzen können gestaucht sein, mit vergilbten oder gescheckten Blättern, die Knollen verformt. Entfernen Sie infizierte Pflanzen, jäten Sie (Unkraut kann Viren bergen), betreiben Sie Fruchtwechsel und gießen Sie nicht zu viel.

Pastinakenkrebs

Durch die pilzlichen Erreger entwickeln sich Wucherungen auf Schadstellen an den Wurzeln. Es entstehen Blattflecken, von denen Sporen in die Erde geschwemmt werden, wo die Erreger über Wunden in die Wurzeln eindringen. Sporen werden über Saatgut übertragen, sie überleben in Pflanzenresten. Fruchtwechsel und Anhäufeln reduzieren den Befall.

Viren an Pastinaken

Das Gelbfleckenvirus bewirkt hervortretende gelbe Adern, später eine gelbe Fleckung und ein Mosaikmuster. Es wird von verschiedenen Blattlaus-Arten übertragen und dazu ist ein weiteres Hilfsvirus nötig. Unkräuter können beide Viren beherbergen. Pastinaken, Möhren und Sellerie werden vom Hilfsvirus nicht beeinträchtigt. Beseitigen Sie anfällige Unkräuter, bekämpfen Sie Blattläuse.

Kopfsalat, Tomaten und Gurken

Die meisten Salatpflanzen sind leicht zu ziehen. Andere Gemüsearten, wie Tomaten, verlangen ein wenig Erfahrung.

Wenn Schäden auftreten an
- Rettich und Radies: siehe Kohlerdflöhe und Falscher Mehltau an Kohl (S. 114), Kohlfliege (S. 115)

Siehe auch
- Verbreitete Krankheiten und Schädlinge an Gemüse (S. 108–109)
- Kenne Deinen Feind: Krankheiten und Schädlinge (S. 26–43)
- Kalzium- und Kaliummangel an Tomaten (S. 15)
- Fruchtwechsel (S. 23)
- Barrieren und Abwehrmittel (S. 58–59)
- Im Gewächshaus (S. 134–139)

Salatwurzellaus
Die bräunlich weißen Läuse saugen im Sommer an Wurzeln des Kopfsalats. Die Pflanzen entwickeln sich langsam und welken bei trockener Witterung, Wachsausscheidungen der Läuse bedecken Wurzeln und angrenzende Bodenteilchen. Es gibt kein Bekämpfungsmittel, aber viele neuere Züchtungen, die resistent sind, etwa 'Salanova', 'Fulmaria' und 'Comina'.

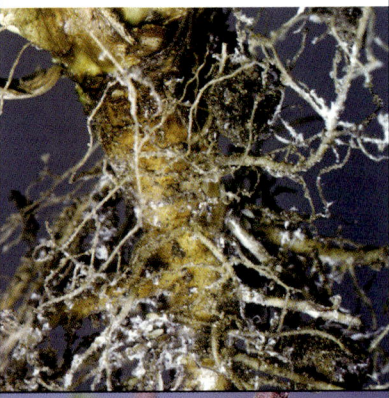

Falscher Mehltau an Kopfsalat
An der Blattoberfläche erscheinen aufgehellte Bereiche, das Gewebe kann absterben, weißlicher Pilzbelag entwickelt sich an der Unterseite der betroffenen Stellen. Die Krankheit verbreitet sich meist über Sporen in der Luft, doch überdauert der Pilz auch im Boden. Entfernen Sie befallene Pflanzen, halten Sie eine weite Fruchtfolge ein, achten Sie auf resistente Sorten.

Virosen an Kopfsalat
Verschiedene Viren können Salatpflanzen befallen, beispielsweise das Salatmosaikvirus, das Salatbreitadernvirus oder das Tomatenbronzefleckenvirus. Zu den Symptomen gehören Vergilben, mosaikartige Musterung, Verformungen, eventuell gestauchter Wuchs. Achten Sie auf tolerante Sorten, entfernen Sie Unkräuter (sie sind Wirte) und bekämpfen Sie Blattläuse.

Gemüseeule
Die bis zu 40 mm langen Raupen der Gemüseeule sind braun oder blassgrün, sie weisen an den Seiten eine schmale gelbe Linie auf. Zwischen Hoch- und Spätsommer fressen sie an Blättern und Früchten von Tomaten. Nach dem Reifefraß verpuppen sie sich im Boden. Sammeln Sie die Raupen von Hand ab oder spritzen Sie ein zugelassenes Insektizid (Thiacloprid).

Geisterflecken
Weiße oder gelbe Ringe erscheinen auf Tomatenschalen, wenn der Pilz *Botrytis cinerea* in die Frucht eindringt, doch er stirbt eher ab, als dass er Schaden bewirkt. Die Früchte entwickeln sich normal und bleiben essbar. Um die Verbreitung des Krankheitserregers zu unterbinden, sollte man für möglichst trockene Pflanzen sorgen und die Belüftung verbessern.

Braunfleckenkrankheit

Stellenweise wächst grauer Schimmelbelag, zunächst an den Blattunterseiten, später an den Oberseiten, und die Stellen werden gelb. Warmfeuchte Bedingungen begünstigen die Krankheit. Der pilzliche Erreger überdauert den Winter auf Pflanzenresten und an Gewächshaus-Bauteilen, aber eine gute Belüftung trägt dazu bei, die Krankheit zu verhindern.

Virosen an Tomaten

Typischerweise führen Viruserkrankungen an Tomaten zu einer Scheckung und Verkrüppelung der Blätter, zu schwachem Wuchs und magerer Ernte. Manche der Symptome sehen wie ein Herbizid- oder ein Kälteschaden aus. Große Gefahr geht vom Tomatenmosaikvirus aus. Der Fruchtansatz wird behindert, junge Früchte färben sich bronzebraun oder zeigen

Striemen. Entfernen Sie die Pflanzen, sobald Symptome auftreten. Die Viren können sich bereits stark verbreitet haben, obwohl der Befall noch nicht offensichtlich ist. Reinigen Sie Werkzeuge und waschen Sie Hände gründlich, bekämpfen Sie Schädlinge, wählen Sie resistente Sorten. Das Gurkenmosaikvirus tritt auch an Tomaten auf (*siehe unten*).

Kraut- und Braunfäule

Im Freien sind Tomaten immer dem Risiko dieser Krankheit ausgesetzt. Es treten die gleichen Symptome wie an Kartoffeln auf (*s. Seite 117*). Infizierte Früchte verfärben sich und faulen schnell. Werden Früchte von erkrankten Pflanzen geerntet, sollte man sie fünf Tage lang liegen lassen. Entwickelt sich in dieser Zeit keine Fäulnis, kann man sie bedenkenlos essen.

Echter Mehltau an Gurken

Verschiedene Erreger rufen diese Pilzerkrankung hervor, die Pflanzen altern früh, der Ertrag lässt nach. Ein weißer, pudriger Belag bildet sich auf Blättern, Ranken und Stängeln, die Früchte sind aber kaum betroffen. Die Sporen werden durch die Luft verweht, den Winter überdauert der Pilz auf Wirtspflanzen. Verbessern Sie die Belüftung, achten Sie auf Resistenzen.

Mosaikvirus an Gurken

Dies ist eines der häufigsten Viren an Pflanzen. Es bewirkt zum Beispiel Gelbscheckung, missgebildete Blätter oder geschwächten Wuchs an einer breiten Palette von Pflanzen. Das Virus wird mechanisch und über Blattläuse übertragen. Entfernen Sie befallene Pflanzen, jäten Sie, bekämpfen Sie Blattläuse. Sterilisieren Sie Werkzeuge. Wählen Sie resistente Sorten.

Weitere Gemüsearten

Beim Anbau von Gemüse muss man auf vielerlei Schaderreger gefasst sein.

Wenn Schäden auftreten an
● Rote Bete und Mangold: siehe Minierfliegen (*rechte Seite*)
● Sellerie: siehe Minierfliegen und Septoria-Blattflecken (*rechte Seite*)
● Petersilie, Pastinaken, Sellerie: siehe Möhrenfliege (*rechte Seite*)
● Rettich und Radies: siehe Kohlerdflöhe (*S. 114*), Falscher Mehltau (*S. 114*) und Kohlwurzelfliege (*S. 115*)
● Steckrüben und Mairübchen: siehe Kohlerdflöhe (*S. 114*) und Kohlfliege (*S. 115*)

Siehe auch
● Verbreitete Krankheiten und Schädlinge an Gemüse (*S. 108–109*)
● Kenne Deinen Feind: Krankheiten und Schädlinge (*S. 26–43*)

Zwiebelminierfliege
Die kleine Fliege legt ihre Eier an Lauch, Zwiebeln und andere Vertreter der Familie. Ihre weißen Maden fressen in den Blättern und bohren sich durch Lauchstangen, die braune Puppe findet man oft an der Basis von Lauchblättern. Es gibt keine wirkungsvolle Behandlung mit Insektiziden. Für gute Abwehr sorgt aber der Anbau unter Kulturschutznetzen.

Lauchmotte
Die weißlich grünen, 11 mm langen Raupen minieren in den Blättern, bohren sich jedoch ebenso in Lauchstangen oder Zwiebeln ein. Es entwickeln sich zwei Generationen, eine im Früh-, die andere im Hochsommer. Kleine Pflanzen können faulen und absterben. Es gibt kein wirksames Insektizid, ziehen Sie die Pflanzen deshalb unter Kulturschutznetzen.

Papierfleckenkrankheit
Der Pilz *Phytophthora porri* schädigt vorwiegend Lauch. Er ruft wässrige, länglich-ovale Schadstellen vor allem an den Blattspitzen hervor, stark betroffene Blätter faulen, Pflanzen sind geschwächt oder sterben ab. An Zwiebeln und Knoblauch entsteht Wurzelfäule. Halten Sie innerhalb der Fruchtfolge immer einen dreijährigen Abstand bei Zwiebelgewächsen ein.

Zwiebelfliege
Drei Generationen können zwischen Spätfrühling und frühem Herbst auftreten. Die weißen, bis zu 9 mm langen Maden fressen Wurzeln und bohren sich in die Basis von Lauch, Zwiebeln und Verwandten. Junge Pflanzen sterben oft ab. Insekten-Streumittel stehen zur Verfügung und Pflanzen kann man durch den Anbau unter Kulturschutznetzen schützen.

Mehlkrankheit der Zwiebel
Weißer Schimmel entwickelt sich auf Wurzeln und an der Basis. Es kommt zu Fäulnis, manchmal kippen die Pflanzen um, die Blätter vergilben und sterben ab. Entfernen Sie infizierte Pflanzen, denn die schwarzen Dauersporen überdauern 15 Jahre lang im Boden. Wechseln Sie die Anbaufläche für Zwiebelgewächse oder tauschen Sie die Erde aus.

Zwiebelhalsfäule

Die typische Lagerkrankheit wird über Samen übertragen. Die weichen und verbräunenden Schalen sind überzogen von einem dichten grauen Schimmel. Auch Trockenfäule kommt vor. Der Pilz bildet Dauersporen, die im Boden infektionsfähig bleiben, daher empfiehlt sich eine vierjährige Fruchtfolge. Trocknen Sie Zwiebeln, bevor sie in einen kühles Lager kommen.

Spargelhähnchen

Die erwachsenen Käfer wie auch die cremeweiß-schwarzen Larven fressen an den Blättern und nagen die Stängel an. Die schwarzen Käfer mit gelblicher und roter Zeichnung werden 6–7 mm lang, die Larven erreichen 8 mm Länge. Stark betroffene Spargelpflanzen verlieren ihr Laub, die Stängel sterben vorzeitig ab. Entfernen Sie den Schädling von Hand.

Möhrenfliege

In Wurzeln von Möhren, Pastinaken und Petersilie entstehen durch die schmale, blassgelbe, bis zu 10 mm lange Made Fraßgänge. Zwischen Frühsommer und Herbst können sich drei Generationen entwickeln. Kultivieren Sie Möhren unter einem Kulturschutznetz. Weniger anfällig sind die Möhrensorten 'Fly-Away', 'Maestro' und 'Resistafly'.

Minierfliegen an Rote Bete

Die Maden der Fliege fressen im Blattgewebe von Rote Bete und Stiel-Mangold. Die betroffenen Stellen auf den Blättern werden weiß oder blassgrün, dann verbräunen sie und vertrocknen. Zwei Generation entstehen, jeweils eine im Früh- und im Spätsommer. Pflücken Sie befallene Blätter ab oder ziehen Sie die Pflanzen unter Kulturschutznetzen.

Minierfliegen an Sellerie

An Knollen- wie Stangensellerie und an Liebstöckel fressen die Maden und bewirken braune vertrocknete Stellen auf dem Laub. Zwei Generationen erscheinen, im Früh- und im Spätsommer. Ein Befall junger Pflanzen führt zu verlangsamtem Wachstum, die Stängel werden faserig. Entfernen Sie befallene Blätter oder bauen Sie Sellerie unter Kulturschutznetzen an.

Septoria-Blattflecken an Sellerie

Über Samen wird die Krankheit übertragen. Kleine, aufgehellte eckige Punkte auf den Blättern verbräunen, sie enthalten die schwarzen Fruchtkörper des Pilzes. Mit fortschreitender Infektion verfärbt sich das ganze Blatt. Der Befall geht mit lang anhaltender feuchter Witterung einher. Entfernen Sie Reste erkrankter Pflanzen, achten Sie auf Fruchtwechsel.

Obstbäume: Kernobst

Viele Krankheiten und Schädlinge können Früchte, Blätter und Äste von Apfel-, Birn- und Quittenbäumen befallen.

Siehe auch
- Allgemeine Krankheiten und Schädlinge an Früchten (*S. 110–111*), an Gehölzen (*S. 66–69*)
- Kenne Deinen Feind: Krankheiten und Schädlinge (*S. 26–43*)
- Wurzelkropf (*S. 68*)
- Mäuse und Ratten (*S. 36*)
- Echter Mehltau (*S. 40*)
- Schorf (*S. 41*)
- Schattenwickler (*S. 90 und 138*)
- Kalzium- und Kaliummangel (*S. 15*)
- Fallen (*S. 56–57*)
- Barrieren und Abschreckung (*S. 58–59*)

Apfelsägewespe

Die raupenähnlichen Larven fressen im Innern junger Früchte, die dann gewöhnlich im Frühsommer abfallen. Äpfel, die am Baum bleiben, entwickeln eine breite, braun-gelbe, verkorkte Zone unter der Schale. Entfernen Sie beschädigte Früchte. Wurden Bäume im Vorjahr stark befallen, kann man mit beleimten Weißtafeln fliegende Sägewespen abfangen.

Apfelwanze

Die Wanze saugt an den Triebspitzen, die Blätter zerreißen durch die vielen kleinen Löcher. Stärker wirkt sich der Schaden an sich entwickelnden Früchten aus, die reifen Äpfel weisen dann korkige Flecken auf. Der Schaden beeinflusst weder den Geschmack noch die Lagereigenschaften der Früchte. Daher kann man das Insekt auf Bäumen im Garten tolerieren.

Apfelwickler

Die Raupen fressen im Kernhaus von reifenden Äpfeln und Birnen. Zur Erntezeit hat die Raupe die Frucht aber schon wieder durch einen Fraßgang verlassen. Spezielle Pheromonfallen werden eingesetzt, um den richtigen Termin für Insektizid-Spritzungen zu ermitteln, nämlich dann, wenn die Raupen soeben geschlüpft und noch nicht in die Frucht eingedrungen sind.

Obstbaumminiermotte

Die winzigen Raupen fressen im Innern von Apfel- und Kirschblättern, wodurch lange schmale gewundene, weiße oder braune Fraßlinien an der Blattoberseite entstehen. Es treten im Laufe des Sommers mehrere Generationen auf, doch zu einem starken Befall kommt es erst im Spätsommer. Dann kann die Motte den Baum aber nicht mehr ernsthaft schädigen.

Mehlige Apfelblattlaus

Die Läuse saugen im Frühjahr am jungen Laub und an den sich entwickelnden Früchten. Blätter an den Triebspitzen vergilben und rollen sich ein. Befallene Früchte wachsen nicht zu endgültiger Größe heran, an der Spitze wirken sie missgebildet. Sobald sich die Knospen öffnen, kann man die frisch geschlüpften grauen Läuse mit geeigneten Insektiziden spritzen.

Obstbaumkrebs

Elliptische Wucherungen bilden sich neben Knospen oder Wunden und es entstehen konzentrische Ringe aus eingesunkener Borke. Schneiden Sie befallene kleinere Äste aus, bei größeren Befallsstellen müssen Sie bis ins gesunde Holz zurückschneiden. Die Sporen dringen über Verletzungen ein, behandeln Sie daher Wunden mit Wundverschlussmittel.

Schwarze Kirschblattwespe

Die bis zu 9 mm langen Larven der Sägewespe sind von schwarzem Schleim bedeckt. Sie schaben an der Blattoberfläche, es entstehen braune eingetrocknete Stellen. Zwei oder drei Generationen treten zwischen Sommer und Herbst an Birnen, Kirschen, Pflaumen, Zwetschgen, Scheinquitten und Weißdorn auf. Schwefelbehandlungen im zeitigen Frühjahr helfen.

Birnblattsauger

Ein dichter Befall durch die grauen Blattläuse kann im Frühling und Frühsommer an Birnbäumen auftreten, danach wechselt das Insekt über auf Wildkräuter. Die vergilbenden und missgebildeten Blätter der Birnen werden klebrig von Honigtau. Es gibt kein zugelassenes Insektizid. Die wichtigsten natürlichen Gegenspieler sind Blumenwanzen.

Birnengallmücke

Die Gallmücke legt Eier in ungeöffnete Blütenknospen. Orange-weiße, bis zu 3 mm lange Maden fressen im Innern der jungen Früchte. Diese werden vom Blütenende her schwarz und fallen im Frühsommer ab. Entfernen Sie befallene Birnen, bevor die Maden ihren Reifefraß beenden. Kleine Bäume kann man vor Knospenaufbruch gegen die adulten Mücken spritzen.

Birnengitterrost

Im Sommer erscheinen leuchtend orangefarbene Flecken auf Birnenblättern. Früchte und Zweige sind nur gelegentlich infiziert. Der Pilz wechselt über auf Zier-Wacholder, wo an den Ästen im Frühjahr Schwellungen auftreten, die Sporen freisetzen. Das Entfernen von Wacholdersträuchern senkt das Risiko, doch werden Sporen über weite Entfernungen übertragen.

Monilia-Fruchtfäule

Die Pilzkrankheit befällt viele Obstbäume und auf den Früchten entwickeln sich braune weiche Faulstellen, die sich schnell vergrößern. Es folgen weiße Sporenringe, die zu weiteren Infektionen führen. Verfaulte Früchte trocknen ein und bleiben am Baum hängen. Der Erreger kann ins Fruchtholz eindringen. Entfernen Sie befallene Früchte und Kurztriebe.

Obstbäume: Steinobst

Kirschen, Pflaumen, Aprikosen, Nektarinen und Pfirsiche sind nahe verwandt und leiden unter ähnlichen Problemen.

Siehe auch
- Allgemeine Krankheiten und Schädlinge an Früchten (S. 110–111), an Gehölzen (S. 66–69)
- Kenne Deinen Feind: Krankheiten und Schädlinge (S. 26–43)
- Wurzelkropf (S. 68)
- Schmierläuse (S. 80)
- Schwarze Kirschblattwespe (S. 123)
- Monilia-Fruchtfäule (S. 123)
- Bleiglanz (S. 43)
- Sumpfpflanzen-Blattlaus (S. 93)
- Schildläuse an Wisterien (S. 85)
- Hexenbesen (S. 68)
- Fallen, Barrieren und Abschreckung (S. 56–59)

Bakterienbrand des Steinobstes
Eingesunkene Stellen erscheinen auf den Ästen, oberhalb davon stirbt das Gewebe ab und es kann aufgrund der Infektion zu Gummifluss kommen. Im Spätherbst gelangen Bakterien durch Regenspritzer von den Blättern auf die Borke, wo sie neue Krebsherde hervorrufen. Ein Schnitt während der Wachstumszeit verhindert weitere Infektionen. Es gibt resistente Sorten.

Kräuselkrankheit des Pfirsichs
Nektarinen, Pfirsiche und verwandte Gehölze sind von dieser Pilzerkrankung betroffen. Junge Blätter sind blasig aufgetrieben und rot oder blassgrün verfärbt, die Schadstellen schwellen an, kräuseln sich und sind später von weißen Sporen bedeckt. Zum Teil überwintern Sporen an den Knospenschuppen. Entfernen Sie alle befallenen Blätter aus dem Garten.

Schwarze Kirschenblattlaus
Die Laus befällt die Triebspitzen von Süß-, Sauer- und Zierkirschen (nicht der japanischen Arten und Sorten). Die Blätter sind eingerollt, gekräuselt, und klebrig von Honigtau, sie können verbräunen. Im Hochsommer sterben befallene Bereiche ab. Bäume, die klein genug sind, kann man mit geeigneten Mitteln spritzen, bevor sich die Blätter stark kräuseln.

Gnomonia-Blattflecken
Diese Blattkrankheit kann eine Süßkirschenernte vernichten. Auf dem Laub entstehen im Sommer braune Flecken, es stirbt ab, bleibt aber sogar im Winter am Baum. Im Frühjahr setzt wieder normales Wachstum ein. Es sind keine schädlichen Auswirkungen auf den Baum erkennbar, entfernen Sie trotzdem die befallenen Blätter, um die Ausbreitung einzudämmen.

Sprühfleckenkrankheit
Der Pilz *Blumeriella jaapii* ruft auf Blättern von *Prunus*-Arten runde rötliche Punkte hervor, die braun werden. Totes Gewebe kann ausfallen und schrotschussartige Löcher hinterlassen. Es kommt zu vorzeitigem Blattfall, an den Blattunterseiten ist weißer Pilzbelag sichtbar. Der Pilz überwintert an Blättern und an jungen Trieben. Entfernen Sie befallenes Laub.

Mehlige Pflaumenblattlaus

Dichte Kolonien weißlich grüner Läuse entwickeln sich im Hochsommer an Pflaumenblättern und Triebspitzen. Sie scheiden große Mengen an Honigtau aus. Schwärzepilze entwickeln sich auf Blättern und Früchten. Rechtzeitige Spritzungen dämmen den Befall ein und Honigtau sowie Pilzbelag kann man mit einem feuchten Tuch von den Früchten abwischen.

Beutelgallmilbe

Weißlich grüne Anschwellungen erscheinen ab Spätfrühling auf den Blättern von Pflaumen und Zwetschgen, besonders entlang der Ränder. Die Gallen werden hervorgerufen von mikroskopisch kleinen Milben, die darin leben. Die Milben haben keine schädlichen Auswirkungen auf die Bäume und die Früchte und es gibt auch kein wirksames Pestizid.

Kleine Pflaumenlaus

Die Blattläuse schlüpfen im frühen Frühjahr aus überwinterten Eiern. Sie saugen am austreibenden Laub von Pflaumen und Zwetschgen, das sich kräuselt und runzlig wird. Der Befall endet im Frühsommer, doch das Laub bleibt missgebildet. Winterspritzungen mit Mineralöl töten die Eier ab. Kleine Bäume kann man beim Öffnen der Knospen mit Insektiziden spritzen.

Pflaumenwickler

Kleine rosa Raupen fressen im Spätsommer im Innern von Pflaumen, Zwetschgen und Mirabellen. Befallene Früchte reifen früh, daher findet man die Raupen seltener in später reifenden Früchten. Im Innern der Früchte erreicht man sie nicht mit Insektizid-Spritzungen. Pheromonfallen kann man aber im Frühsommer dazu einsetzen, die Männchen zu fangen.

Pflaumensägewespe

Im Frühjahr bohren sich die raupenartigen cremeweißen Larven mit dem braunen Kopf in junge Pflaumen und Zwetschgen ein. Befallene Früchte entwickeln sich gewöhnlich nicht mehr weiter, sie fallen im Frühsommer ab. Es stehen keine Pestizide für die Bekämpfung zur Verfügung. In Jahren mit einigermaßen gutem Fruchtansatz kann man einen Befall tolerieren.

Narrentaschen an Pflaumen

Die Früchte entwickeln sich lang gestreckt und gekrümmt, mit blassgrüner und weicher Schale, und sie besitzen keinen Stein. Ein Weißer Pilzbelag entsteht auf der Oberfläche, die Früchte werden schrumpelig. Der Pilz kann in Zweigen überwintern. Entfernen Sie betroffene Früchte. Die Krankheit befällt nicht die ganze Ernte und kann jahrelang ausbleiben.

Verschiedenerlei Beerenobst

Bei der Kultur von leicht verderblichem Beerenobst treten fast immer Schäden an Blättern, Knospen und Trieben auf. Unangetastet bleiben sie eher selten.

Wenn Schäden auftreten an
- Stachelbeeren: siehe Blattfallkrankheit der Johannisbeere (*unten*)
- Roten und Weißen Johannisbeeren: siehe Sägewespen (*rechte Seite*)

Siehe auch
- Allgemeine Krankheiten und Schädlinge an Früchten (*S. 110–111*)
- Kenne Deinen Feind: Krankheiten und Schädlinge (*S. 26–43*)
- Rotpustelkrankheit (*S. 67*)

Gallmücken an Johannisbeeren
Die winzige Mücke legt ihre Eier an austreibende Blätter und Triebspitzen. Mindestens drei Generationen entwickeln sich zwischen Spätfrühling und Sommer. Die weißen, bis zu 3 mm langen Maden verhindern eine normale Blattentwicklung, das Laub bleibt schmal und verkrüppelt. Man kann den Schädling eindämmen, indem man die Triebspitzen ausschneidet.

Blasenlaus an Johannisbeeren
Zwischen Frühjahr und Frühsommer wirken die Blätter an den Triebspitzen von Johannisbeeren gerunzelt und rot oder gelblich verfärbt. Blassgelbe Blattläuse saugen an den Blattunterseiten, die Infektionen verschwinden aber im Hochsommer. Mit einem Ölpräparat erreicht man die überwinterten Eier. Zur Abwehr kann man mit Steinmehl stäuben.

Blattfallkrankheit
Der Pilz ruft ab Mai Flecken an den Blättern von Weißen oder Roten Johannisbeeren hervor. Die Flecken erscheinen zuerst an älteren Blättern, die sich bei einem starken Befall gelb färben können. Die Blätter fallen vorzeitig ab. Flecken können auch auf Trieben, Blattstielen und unreifen Früchten auftreten, die welken. Entfernen Sie abgefallene Pflanzenteile.

Gallmilben an Johannisbeeren
Mikroskopisch kleine Milben leben im Innern von Knospen der Schwarzen Johannisbeere. Diese schwellen unnatürlich rund an, die vergallten Knospen entwickeln sich nicht mehr und trocknen ein, was den Fruchtansatz verringert. Pflücken Sie die aufgeblähten Knospen im Winter ab, ersetzen Sie stark befallene Pflanzen. Die Sorte 'Ben Hope' ist resistent.

Sägewespen an Stachelbeeren

Larven verschiedener Sägewespen fressen am Laub von Stachelbeeren und Weißen und Roten Johannisbeeren. Es kann zur vollständigen Entlaubung kommen. Die raupenartigen, bis zu 20 mm langen Larven sind blassgrün und haben oft schwarze Punkte. Zwei oder drei Generationen treten in einem Jahr auf. Man kann zur Abwehr mit Steinmehl stäuben.

Amerikanischer Stachelbeermehltau

An Blättern und jungen Trieben entsteht ein mehlig weißer Belag, das Laub stirbt ab und die Triebe wachsen gestaucht. Beeren sind stark befallen. Schneiden Sie befallene Triebe aus, um den Luftdurchzug zu verbessern. Düngen Sie nicht zu viel Stickstoff, mulchen und gießen Sie in Trockenperioden. Es gibt resistente Sorten.

Pockenkrankheit der Weinrebe

Wenn die Blätter von Reben runzlig wirken und sich an den Unterseiten der aufgewölbten Stellen cremeweiße oder rosa Härchen finden, dann ist eine winzige Gallmilbe am Werk. Abgesehen von den missgebildeten Blättern wirkt sich die Milbe aber nicht schädlich auf das Wachstum der Pflanzen und der Früchte aus. Man toleriert sie am besten.

Bakterielle Blattflecken an Maulbeere

Auf den Blättern entstehen wässrige Flecken, die zusammenlaufen, manchmal umgeben von einem gelben Ring. Die Blätter sind missgestaltet und junge Triebe können absterben. Der Erreger ist ein Bakterium, das auf Pflanzenresten im Boden überdauert. Gießen Sie nicht über das Laub, entfernen Sie abgestorbene Triebe.

Ringfleckenkrankheit an Maulbeere

Der Pilz *Mycosphaerella mori* ruft auf Blättern von Maulbeeren dunkle Punkte hervor, die größer und blasser werden, wenn die Krankheit fortschreitet. Über Wassertropfen verbreiten sich die Sporen. Die Krankheit tritt daher in feuchten Sommern verstärkt auf, sie kann zur vollständigen Entlaubung führen. Entfernen Sie Falllaub.

Brombeermilbe

Die winzige Milbe stört an Brombeeren den Reifeprozess, die Frucht bleibt ganz oder teilweise rot. Besonders in warmen Sommern tritt der Schädling in Erscheinung. Die ersten Früchte reifen gewöhnlich noch richtig aus, doch das Ausmaß der unvollständigen Ausreife nimmt in den folgenden Wochen zu. Verwerten Sie nicht ganz ausgereifte Früchte in der Küche.

Himbeeren und Erdbeeren

Der Anbau von Beeren lohnt sich sogar finanziell. Achten Sie aber auf Schimmelpilze und andere Schaderreger.

Wenn Schäden auftreten an
- Brombeeren: siehe Rutensterben an Himbeeren (*unten*)

Siehe auch
- Allgemeine Krankheiten und Schädlinge an Früchten (*S. 110–111*)
- Kenne Deinen Feind: Krankheiten und Schädlinge (*S. 26–43*)
- Wurzelkropf (*S. 68*)
- Barrieren und Abwehrmittel (*S. 58–59*)

Falls Tausendfüßer (*siehe S. 34*) an Erdbeeren lästig werden, schützen Sie die Früchte, indem Sie über dem Boden eine Strohschicht auslegen.

Himbeerkäfer
Die schlanken, bräunlich weißen Larven von bis zu 8 mm Länge fressen an Himbeeren und anderen Rutenfrüchten. Sie nagen am Fruchtstiel, dort entstehen eingetrocknete Stellen. Der Schädling lässt sich nur schwer bekämpfen. Das Spritzen von Rainfarntee, kurz vor bis Ende der Blüte, hilft ein wenig. Fördern Sie zur Abwehr Spitzmäuse und Igel.

Blattmilben an Himbeeren
Die mikroskopisch kleinen Milben leben an den Blattunterseiten. Durch ihre Saugtätigkeit entstehen blassgelbe Flecken auf den Blattoberseiten, die man mit einer Virusinfektion verwechseln kann. Befallene Ruten wachsen zu normaler Höhe heran und fruchten einigermaßen gut – im Gegensatz zu Pflanzen, die von Viren betroffen sind. Es gibt kein Pestizid.

Rutenkrankheit der Himbeere
Kleine violette ovale Punkte erscheinen im Frühsommer rund um die Knospen von Himbeeren und vergrößern sich im Herbst. Die Krankheit tötet viele Knospen ab, die Ruten werden unfruchtbar. Da der pilzliche Erreger auf den Ruten überwintert, muss man betroffene Pflanzen entfernen. Vermeiden Sie zu hohe Stickstoffdüngung, lichten Sie die Bestände aus.

Rutensterben an Himbeeren
Im Sommer können Himbeerruten plötzlich absterben. An der Basis zeigen sich braune Schadstellen, die Borke bricht auf, Triebe werden brüchig. Der pilzliche Erreger tritt über Wunden ein, vermeiden Sie daher Schäden beispielsweise beim Schnitt. Schneiden Sie betroffene Ruten bis ins gesunde Holz zurück. Vermeiden Sie Staunässe, fördern Sie die Durchlüftung.

Echter Mehltau an Himbeeren
Verschiedene Pilzarten treten an Himbeeren auf. Ein weißlicher, pulvriger Überzug bedeckt Blätter, Triebe und Früchte, und blassgrüne Flecken erscheinen auf der Oberfläche der Blätter. Ein starker Befall beeinträchtigt das Wachstum und stark befallene Früchte kommen nicht zur Reife. Achten Sie auf gute Hygiene und verbessern Sie die Durchlüftung.

Rost an Himbeeren

Im Frühsommer bilden sich gelbe Pusteln auf den Himbeerblättern. Später entwickeln sich orangefarbene, dann schwarze Pusteln an den Unterseiten, es kann zur Entlaubung kommen. Um die Krankheit einzudämmen, entfernen Sie infizierte Pflanzenteile. Wählen Sie weniger anfällige Sorten. Spritzungen mit Fungiziden gegen Rost sind vor der Fruchtreife möglich.

Samenlaufkäfer an Erdbeeren

Verschiedene Arten von schwarzen, bis zu 15 mm großen Käfern schädigen Erdbeerfrüchte, indem sie die Samen an der Außenseite abfressen. Es entstehen braune Verfärbungen, die Früchte faulen leicht. Samenlaufkäfer fressen ebenso an den Samen von Unkräutern, jäten Sie daher das Beet. Es steht kein Insektizid für eine Bekämpfung zur Verfügung.

Blütenvergrünung der Erdbeere

Zikaden übertragen die Viruserkrankung, bei der die Blüten verkleinert sind und grüne Blütenblätter haben. Die Ernte fällt mager aus, die Früchte sind verformt. Die Pflanzen wachsen gestaucht, Blätter verfärben sich nach der Blüte rötlich. Erneuern Sie die Erdbeerpflanzen alle zwei oder drei Jahre. Entfernen Sie befallene Pflanzen und bekämpfen Sie die Zikaden.

Grauschimmel an Erdbeeren

Durch die Blüten dringt der Erreger *Botrytis cinerea* in die Pflanze ein und verharrt bis zur Fruchtreife in Ruhe. Auf den Früchten bildet sich dann ein pelzig grauer Belag. Der Pilz verbreitet sich über Sporen durch die Luft und überdauert auf Pflanzenresten oder mithilfe von Dauersporen im Boden. Entfernen Sie infizierte Pflanzenteile, bedecken Sie den Boden mit Stroh.

Weißfleckenkrankheit der Erdbeere

Auf den Blättern entstehen durch den Pilz *Mycosphaerella fragariae* weiße Punkte mit violettem Ring. Geschädigt werden auch Blüten, Früchte und Stängel, das Wachstum der Pflanzen wird aber kaum gestört. Übertragen wird der Pilz durch Regenspritzer. Entfernen Sie Pflanzenreste, auf denen der Pilz überwintern könnte.

Virosen an Erdbeeren

Verschiedene Viren können Erdbeerpflanzen schwächen. Je nach Erregerstamm, Sorte und Wachstumsbedingungen treten unterschiedliche Symptome auf. Es kommt zu gestauchtem Wuchs, Vergilben und Verkrüppeln der Pflanzen. Entfernen Sie infizierte Pflanzen und gehen Sie gegen Viren übertragende Insekten vor. Bevorzugen Sie resistente Sorten.

Kräuter

Viele Kräuter werden von Angriffen verschont, doch einige ziemlich gefährliche Krankheiten und auch Schädlinge wie etwa der Rosmarin-Käfer bedrohen die wichtigsten Küchenkräuter.

Wenn Schäden auftreten an
- Salbei und Thymian: siehe Rosmarin-Käfer (*rechts*)
- Majoran und Bohnenkraut: siehe Rost an Pfefferminze (*rechte Seite*)

Siehe auch
- Kenne Deinen Feind: Krankheiten und Schädlinge (*S. 26–43*)

Rosmarin-Käfer
Der Käfer wie auch seine grau-weißen Larven fressen ab Spätsommer und im folgenden Frühjahr an den Blättern von Rosmarin, Lavendel, Thymian und Salbei. Die ausgewachsenen Käfer sind 7–8 mm groß und haben rot-violette und grüne Streifen auf den Flügeldecken. Fangen Sie Käfer und Larven, indem Sie die Pflanzen über einem Zeitungsblatt ausschütteln.

Zikaden an Salbei
Die gelb und grau gefleckten Insekten werden bis zu 3 mm lang und saugen auf Blättern von Kräutern, was eine grobe, blasse Scheckung auf den Blattoberflächen zur Folge hat. Sie springen bei Störung rasch auf. Der Einfluss des Schadens auf die Wuchs-kraft und das Aroma der Pflanzen scheint gering zu sein. Deshalb kann man den Schädling tolerieren.

Lorbeerblattfloh
Der Blattrand, gewöhnlich auf einer Seite des Blattes, vergilbt, verdickt sich und wölbt sich über. Hervorgerufen wird die Erscheinung durch Larven des Lorbeer-Blattflohs, die innerhalb der eingerollten Blattränder saugen. Die beschädigten Blattpartien trocknen später ein und werden braun. Zwei Generationen treten im Laufe des Sommers auf. Nach dem letzten Lar-venstadium fliegen die erwachsenen grauen Blattflöhe davon. Ausgewach-sene Blattflöhe kann man an Spross-spitzen im Sommer ausfindig machen. Sie sehen ähnlich aus wie Blattläuse, haben Flügel und sind 2 mm lang. Die Blattflöhe und ihre Larven scheiden weiße Wachsfasern aus. Pflücken Sie befallene Blätter ab, sobald sich die Blattränder einrollen.

Echter Mehltau an Lorbeer
Weißliche Flecken entwickeln sich auf den Blättern, die im Frühjahr und Sommer missgebildet erscheinen. Auch entstehen dunkle Stellen mit abgestorbenem Gewebe und geschä-digte Blätter können abfallen. Sorgen Sie für eine bessere Belüftung und genug Wasser, sodass die Wurzeln nie austrocknen, stäuben mit Schwefel kann ebenfalls helfen.

Rost an Pfefferminze

Betroffene Stängel und Blätter sind blass und missgebildet, noch bevor massenhaft die orangefarbenen Pusteln aufbrechen. Diese werden mit Fortschreiten der Krankheit schwarz, Blattgewebe stirbt ab, Blätter fallen. Der Pilz *Puccinia menthae* überdauert in Pfefferminze und verwandten Pflanzen wie Majoran und Salbei, doch überwintern Sporen auch im Boden, die im Frühjahr junge Triebe neu infizieren. Flammen Sie im Herbst Pflanzenreste ab, damit töten Sie die Sporen wirkungsvoll ab. Falls im Erwerbsanbau keine gesunden Pflanzen erhältlich sind, führt man eine zehnminütige Wärmebehandlung der Rhizome bei exakt 44 °C durch. Danach werden sie in kaltem Wasser geschwenkt und ausgepflanzt.

Grauschimmel an Lavendel

Verschiedene Erreger führen zu Absterbe-Erscheinungen an Lavendel. Einige Pilze dringen über Wunden ein und bilden schwarze Fruchtkörper, wie der Erreger *Phomopsis*, oder einen grauen pelzigen Belag, wie Grauschimmel (*Botrytis*). Den Infektionen begegnet man durch Ausschneiden der Triebe. *Phytophthora* führt zu Wurzelfäule, die Pflanzen sterben ab.

Minzeblattkäfer

Die schimmernden smaragdgrünen Käfer sind etwa 10 mm lang. Sie und die matt schwarzen Larven fressen im Spätfrühling und Sommer an den Blättern. Der Käfer tritt selten so zahlreich auf, dass ernsthafter Schaden entsteht. Da man ihn gut durch seine leuchtende Färbung erkennt, kann man ihn von Hand entfernen. Insektizide sind ohnehin nicht zugelassen.

Kuckucksspeichel

Lavendel scheint besonders attraktiv für Schaumzikaden zu sein. Sie kommen jedoch auch an anderen Kräutern und Gartenblumen vor. Die Larven fressen von Spätfrühling bis Frühsommer an den Stängeln und umgeben sich mit einer schaumigen Flüssigkeit, dem sogenannten Kuckucksspeichel. An den Pflanzen entsteht kaum Schaden.

Im Gewächs-
haus

In der warmen, geschützten Umgebung eines Gewächshauses gedeihen empfindliche Pflanzen. Doch auch bestimmte Schädlinge finden hier ideale Bedingungen. Sie vermehren sich rasch und bewirken einen schädlichen Befall. Schreitet man dagegen nicht sofort ein, können Pflanzen zugrunde gehen. Folien- und Glashäuser sind im Sommer ideal für Maßnahmen des biologischen Pflanzenschutzes: Natürliche Gegenspieler und Parasiten können die wichtigsten Schädlinge im Gewächshaus wirksam zurückdrängen, ganz ohne Pestizide. Krankheiten bereiten weniger Probleme, man muss sie dennoch im Blick behalten.

Krankheiten und Schädlinge unter Glas

Kulturen, die man im Gewächshaus, im Folientunnel oder im Haus zieht, lieben warme, geschützte Bedingungen – die aber behagen auch manchen Schädlingen. Wärme und reichlich Nahrung erlauben eine rasche Vermehrung. Unter den Krankheiten gedeiht der Grauschimmel bei hoher Luftfeuchtigkeit besonders gut.

Maßnahmen zum Pflanzenschutz

Pflanzenschutzmittel bekämpfen Krankheiten und Schädlinge. Sie wirken aber nicht bei allen Pflanzen und ihr Einsatz in essbaren Kulturen ist zudem beschränkt. Außerdem entwickeln manche Schädlinge zahlreiche Generationen in einem Jahr, sodass rasch Resistenzen gegen Pestizide entstehen. Biologische Bekämpfungsmethoden gibt es gegen viele Schädlinge, die im Gewächshaus auftreten. Natürliche Feinde halten ihre Anzahl auf einem niedrigen Maß und man kann sie auf allen Pflanzen einsetzen. Natürliche Gegenspieler, Parasiten oder pathogene Nematoden, kann man direkt bei Nützlingsanbietern bestellen oder über Gartencenter anfordern. Raubinsekten wie Parasiten reagieren empfindlich auf synthetische Pflanzenschutzmittel. Ihr Einsatz stellt eine Alternative dar, man sollte sie ausprobieren, wenn Spritzungen versagt haben. Setzen Sie natürliche Feinde ein, bevor sich ein starker Befall entwickelt hat. Sie brauchen tagsüber Wärme und hohe Lichtmengen, daher kann man sie nicht im Winter einsetzen. Tritt ein starker Befall auf, bevor man Nützlinge ausbringen kann, spritzen Sie bevorzugt organische Abwehrmittel wie Niembaumöl.

Der Australische Marienkäfer (*Cryptolaemus montrouzieri*) vertilgt Wollläuse und deren Eier.

Eine Raubmilbe (*Phytoseiulus persimilis*) greift eine Rote Spinne und ihre Eier an.

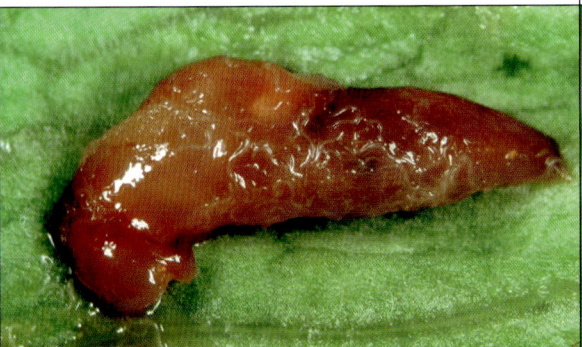

Ein pathogener Nematode (*Phasmarhabditis hermaphrodita*) setzt Bakterien frei, die zum Absterben von Schnecken führen.

Die Schlupfwespe *Encarsia formosa* entwickelt sich in den Larven der Weißen Fliege und tötet sie ab.

Putzen Sie welke Blüten und abgestorbene Blätter aus, lassen Sie Platz zwischen den Pflanzen, damit sich Infektionen nicht ausbreiten.

Integrierte Maßnahmen

Hier werden unterschiedliche Methoden kombiniert, man vertraut nicht mehr allein auf eine Bekämpfungsmethode wie etwa das Ausbringen von Pflanzenschutzmitteln. Dazu gehören eine angemessene Kulturführung, krankheits- oder schädlingsresistente Pflanzen, Barrieren, Klebfallen, die Förderung natürlicher Feinde (oder deren Zukauf). Pestizide sind nicht ausgeschlossen, doch sollten Sie Mittel mit kurzer Wirkungszeit wählen, vor allem wenn Sie noch Nützlinge einsetzen wollen.

Hygiene ist wichtig, um die Entwicklung von Krankheiten zu verhindern. Grauschimmel (*siehe S. 136*) entwickelt sich oft an verwelkten Blüten oder vergilbten Blättern. Er geht dann über auf lebendes Gewebe. Kontrollieren Sie die Pflanzen daher regelmäßig und entfernen Sie kranke Teile. Grauschimmel und andere Krankheiten wie Rost an Pelargonien (*siehe S. 94*) gedeihen in zu dichten Beständen bei feuchten Bedingungen. Sorgen Sie für ausreichend Platz, schneiden Sie zu dichtes Wachstum aus und lüften Sie. In einem aufgeräumten Gewächshaus finden Schnecken und andere Schädlinge weniger Plätze zum Verstecken. Stark von Krankheiten oder Schädlingen befallene Pflanzen entfernt man am besten. Sie werden sich nicht mehr erholen und der Befall kann auf andere Pflanzen übergehen.

Im Sommer kann es im Gewächshaus recht heiß werden, geöffnete Türen und Ventilatoren genügen vielleicht nicht, um die Temperatur niedrig zu halten. Ausgerolltes Schattiergewebe oder ein Glasanstrich helfen. Im Frühherbst müssen Sie die Schattierung entfernen, denn während der Wintermonate brauchen die Pflanzen möglichst viel Licht.

Gewächshäuser muss man an sonnigen Tagen besonders gut lüften, damit die Pflanzen nicht überhitzen.

Ein Maximum-Minimum-Thermometer hilft bei der Kontrolle.

Sorgen Sie immer für eine ausreichende Wasserversorgung.

Krankheiten und Schädlinge im Gewächshaus

In jedem Gewächshaus treten früher oder später Weiße Fliegen und Grauschimmel auf. Achten Sie aber auch auf weniger klar erkennbare Störungen.

Wenn Schäden auftreten an
- Begonien: siehe Gefurchter Dickmaulrüssler (*S. 138*) und Virosen (*S. 139*)
- Alpenveilchen: siehe Gefurchter Dickmaulrüssler (*S. 138*)
- Tomaten: siehe Krautfäule an Tomaten (*S. 119*) und Virosen (*S. 139*)
- Siehe auch Minierfliegen an Chrysanthemen (*S. 95*) und Blattälchen (*S. 91*)

Spinnmilben (»Rote Spinne«)
Unzählige, kaum sichtbare, gelblich grüne Milben leben an der Blattunterseite von Pflanzen. Auf der Oberseite entsteht eine feine blasse Scheckung, die Blätter vergilben und fallen ab. Bei einem starken Befall sind zarte Gespinste zu erkennen. Zur biologischen Bekämpfung im Gewächshaus lässt sich die Raubmilbe *Phytoseiulus persimilis* einsetzen.

Grauschimmel
Beim Befall durch *Botrytis cinerea* fault das Pflanzengewebe, es wird von grauem, pelzigem Pilzbelag überzogen und auf Blütenblättern können kleine braune Punkte auftreten. Die Infektion geht rasch von krankem auf gesundes Gewebe über, entfernen Sie daher abgestorbene Pflanzenteile schnell. Dadurch verhindern Sie den Übergang auf gesunde Pflanzen. Eine gute Belüftung und morgendliches Gießen senken die Luftfeuchtigkeit und verschlechtern die Bedingungen für den Pilz. Weinreben unter Glas sind häufig betroffen, oft dringt der Erreger durch das verschorfte Gewebe ein, das bei einem Befall durch Echten Mehltau gebildet wird. Eine Bekämpfung dieses Pilzes sollte die Gefahr durch Grauschimmel senken.

Weiße Fliege
Die erwachsenen Tiere wie auch die weißlich grünen Larven sind bis zu 2 mm lang. Sie saugen an den Blattunterseiten von Tomaten, Gurken und vielen Zierpflanzen und scheiden dabei Honigtau aus, auf dem sich Schwärzepilze entwickeln. Die parasitische Schlupfwespe *Encarsia formosa* eignet sich zur biologischen Bekämpfung. Auch Insektizidstäbchen helfen.

Australische Wollschildlaus

Dieses saugende Insekt kommt an vielen Pflanzen vor, besonders an *Citrus*- und *Acacia*-Arten. Der braune Schild der Weibchen sitzt auf einem weißen, deutlich gefurchten Eiersack aus Wachsfasern. Ein starker Befall schwächt die Pflanzen und verunreinigt sie mit Honigtau. Von kleineren Pflanzen kann man die Schildläuse mit ihren Eiern absammeln.

Napfschildläuse

Die erwachsenen Weibchen sind von braunen, halbkugeligen Schilden bedeckt und haben einen Durchmesser von 2–4 mm. Bei vielen Zierpflanzen in beheizten Gewächshäusern sind die Schildläuse auf Blättern und Trieben zu finden, deren Oberflächen klebrig werden von Honigtau. Einen Befall auf kleinen Pflanzen kann man mit einem feuchten Tuch abreiben.

Deckelschildläuse

Viele Zierpflanzen im Gewächshaus werden von diesen saugenden Insekten befallen. Die erwachsenen Weibchen sind durch einen runden, flachen, 2 mm breiten, schildartigen Deckel geschützt. Die Deckel der Oleander-Deckelschildlaus sind hellgrau mit brauner Mitte. Es wird kein Honigtau gebildet, doch stark befallene Pflanzen werden geschwächt.

Weiche Schildlaus

Das Insekt tritt an Lorbeer, Zitrusgewächsen, *Schefflera*, *Ficus*-Arten und vielen anderen Pflanzen auf. Die flachen, gelbbraunen, bis zu 3 mm langen Schilder finden sich gehäuft entlang der Hauptadern an den Blattunterseiten. Befallene Pflanzen sind von klebrigem Honigtau überzogen, oft mit Schwärzepilzen. Stecken Sie Insektizidstäbchen in die Erde.

Weichhautmilben

Die mikroskopisch kleinen Milben saugen in der Sprossspitze und in Blütenknospen von vielen Pflanzen im Gewächshaus. Der Zuwachs bleibt verringert, auf Stängeln und Blättern bildet sich verschorftes Gewebe. Blätter nehmen eine löffelartige Form an, Blütenknospen fallen oft ab. Entfernen Sie befallene Pflanzen, setzen Sie zur Abwehr Raubmilben ein.

Gewächshausthrips

Verschiedene Blasenfuß-Arten (Thripse) saugen an Pflanzen im Gewächshaus. Die erwachsenen Tiere sind gelblich braun oder schwarz, schmal und etwa 2 mm lang. Die cremeweißen Larven bewirken eine blasse, silbrige Scheckung auf den Blättern und Blüten. Wegen ihrer Kleinheit sind Thripse oft an unzugänglichen Stellen an den Pflanzen versteckt.

Krankheiten und Schädlinge im Gewächshaus *Fortsetzung*

Zikaden im Gewächshaus

Die erwachsenen, 3 mm langen Insekten sind gelb und grau gefleckt. Sie und die cremeweißen Larven saugen an der Unterseite von Blättern an Tomaten, Gurken und vielen Zierpflanzen. Dadurch entsteht ein grobes, blasses Fleckenmuster auf den Blattoberflächen. Zur Bekämpfung kann man Pyrethrum-Mittel, vegetabile Öle oder Fettsäuren einsetzen.

Wollläuse

Diese saugenden Insekten befallen Kakteen, andere Sukkulenten und viele andere Gewächshauspflanzen. Sie sitzen an relativ unzugänglichen Stellen und sind von weißen Wachsausscheidungen bedeckt. Stark befallene Pflanzen sind durch den Honigtau beeinträchtigt. Als natürlichen Feind kann man den Australischen Marienkäfer einsetzen, es helfen auch Fettsäuren.

Wurzelläuse

Die weißen, saugenden Insekten leben an den Wurzeln von Topfpflanzen und werden bis zu 2 mm lang, damit sind sie halb so groß wie Wollläuse. Man erkennt einen weißen, wachsartigen Puder, der Wurzeln und Bodenteilchen bedeckt. Betroffene Pflanzen muss man umtopfen und die Wurzeln säubern. Danach sollte man mehrmals mit einer Insektizidlösung gießen.

Springschwänze

Diese harmlosen, flügellosen Urinsekten kommen häufig in Topferde vor. Sie sind 3 mm lang und oft weiß. Man sieht sie am häufigsten nach dem Gießen, weil dann Springschwänze an die Oberfläche oder durch Wasserabzugslöcher gespült werden. Springschwänze ernähren sich von abgestorbenem organischem Material, sie schädigen Pflanzen nicht.

Gefurchter Dickmaulrüssler

Die 10 mm langen Larven fressen an Pflanzenwurzeln und bohren sich in die Knollen von Begonien und Alpenveilchen. Die meisten Topfpflanzen sind gefährdet, zwischen Herbst und Frühling können sie durch den Befall absterben. Zur Bekämpfung könnte man ein Insektizid gießen oder als biologisches Mittel den Nematoden *Heterorhabditis* sp. einsetzen.

Schattenwickler

Die bis zu 18 mm langen Larven des Schattenwicklers und des verwandten Mittelmeer-Nelkenwicklers befallen viele Pflanzen im Gewächshaus und im Garten. Sie spinnen zwei Blätter zusammen oder falten ein Blatt mit Spinnfäden und nagen von innen die Blattoberseite ab. Eingesponnene Larven sind schwer zu erreichen, doch man kann sie im Blatt zerdrücken.

Trauermücken

Diese grauschwarzen, 3–4 mm langen Insekten laufen oder schwirren über Aussaatschalen oder Topfpflanzen. Die weißen, schmalen Maden mit den schwarzen Köpfen werden bis zu 5 mm lang und fressen hauptsächlich an Wurzeln, sie können Sämlinge und krautige Stecklinge schädigen. Um die erwachsenen Tiere wegzufangen, kann man gelbe Klebfallen anbringen.

Blattläuse

Die meisten Pflanzen im Gewächshaus locken grüne, schwarze oder gescheckte Blattläuse an, die durch ihre Saugtätigkeit Pflanzen schwächen und verkrüppelten Wuchs bewirken. Honigtau, Schwärzepilze und abgestreifte Häute verunstalten die Pflanzen. Man kann Insektizide gegen saugende Insekten spritzen oder man steckt Insektizidstäbchen in die Erde.

Virosen an Orchideen

Die wichtigsten Virosen an Orchideen sind das *Cymbidium*-Mosaikvirus und das *Odontoglossum*-Ringfleckenvirus. Die Symptome auf den Blättern variieren von aufgehellten Striemen bis zu schwarzen abgestorbenen Stellen und Linienmustern. Viren kann man nicht bekämpfen, entfernen Sie kranke Pflanzen, desinfizieren Sie Arbeitsflächen und Werkzeuge.

Umfallkrankheit

Sämlinge kippen an der Erdoberfläche um, Wurzeln können faulen. Erreger sind Organismen aus dem Boden oder dem Wasser, wie *Pythium*-Arten. Um die Gefahr zu mildern, verwenden Sie sterile Aussaaterde und reinigen Sie die Aussaatschalen. Säen Sie eher dünn aus. Falls die Krankheit auftritt, entfernen Sie alle betroffenen Sämlinge, pikieren Sie die anderen um.

Viruserkrankungen

Viren rufen an Pflanzen die unterschiedlichsten Symptome hervor (*siehe S. 41*). In Gewächshäusern kommen drei Viren häufig vor, die alle eine breite Wirtspalette haben. Das Gurkenmosaikvirus (CMV) (*siehe S. 119*) tritt häufig an Begonien auf. Der Kalifornische Blütenthrips überträgt das Tomatenbronzefleckenvirus (TSWV) und das Impatiensfleckenvirus (INSV). Letzteres ruft an einer stattlichen Zahl von Pflanzen die unterschiedlichsten Symptome hervor. Viruserkrankungen lassen sich nicht kurieren, man muss betroffene Pflanzen entfernen. Treten Virosen auf, muss man alle Werkzeuge für die Vermehrung sterilisieren. Die Ausbreitung der Krankheit muss unbedingt verhindert werden.

Register

Register

Bildnachweis/Dank

Der Verlag dankt der Royal Horticultural Society (RHS) für die freundliche Genehmigung, folgende Aufnahmen im Buch abbilden zu dürfen:

(Abkürzungen: o=oben, u=unten, m= Mitte, l=links, r=rechts)

1, 5 (or) (ur). 27 (ur). 29 (ur). 30 (m). 31 (ul) (mr). 32 (ul). 33 (or) (ur). 38. 39 (or) (ul) (ur). 40 (ul) (ur). 41 (or) (ul) (ml) (mr). 42 (ul) (r). 43 (or) (ul) (m) (ur). 44 (l) (r). 45 (l) (m) (r). 46 (l) (m) (r). 47 (l) (m) (r). 48 (m) (r). 49 (l) (m) (r). 56 (or) (ul). 57 (ur). 59 (or). 60 (ul) (or). 61 (or). 63 (ur). 64-65. 66 (or) (ul) (ur). 67 (ul). 68 (or) (ul) (ur). 69 (or) (ul). 70 (ml) (or) (ul). 71 (ol) (om) (ul) (um) (r). 72 (l) (or) (um) (ur). 73 (ol) (ul) (um) (ur). 74 (ol) (om) (ul) (um) (r). 75 (om) (or) (um) (ur). 76 (om) (or) (ul) (um) (ur). 77 (ol) (om) (or) (ul) (um) (ur). 78 (om) (ul) (um) (ur). 79 (ol) (om) (or) (ul). 80 (ol) (om) (or) (ul) (ur). 81 (om) (ul) (um) (r). 82 (l) (or) (ur). 83 (om) (or) (um) (ur). 84 (or) (ul). 85 (l) (ol) (um) (ul). 86 (om) (ul) (um) (ur). 87 (ol) (ul) (um). 90 (or) (u). 91 (or). 92 (om) (or) (ul) (um) (ur). 93 (ol) (ul) (um) (ur). 94 (ol) (om) (or) (ul) (um) (ur). 95 (ol) (om) (ul). 96 (ol) (or) (ul). 97 (or) (ul) (ur). 98 (o) (ul). 99 (ol) (om) (ul). 100 (om) (or) (ur). 101 (om) (ul) (um) (ur). 102 (l) (om) (or). 103 (ol) (or) (ul) (um) (ur). 104 (or) (ul) (um) (ur). 105 (ol) (om) (or) (ul) (ur). 108 (ol) (ul) (ur). 109 (ol) (ul) (um). 110 (ol) (ul) (ur). 111 (or) (ul) (ur). 112 (om) (ul) (ur). 113 (om) (or) (ul) (um). 114 (om) (ur). 115 (ol) (om) (or) (ul) (um) (ur). 116 (om) (or) (um) (ur). 117 (om) (um). 118 (om) (or) (um) (ur). 119 (ol) (um). 120 (om) (um). 121 (ol) (ul) (um). 122 (om) (or) (ul) (um) (ur). 123 (ol) (om) (or) (ul) (um) (ur). 124 (om) (or) (ul) (um) (ur). 125 (ol) (om) (or) (um) (ur). 126 (om) (r) (ul) (um). 127 (ol) (om) (or) (um) (ul) (um) (ur). 128 (om) (or) (ul) (um) (ur). 129 (ol) (om) (or). 131 (ul) (um) (r). 136 (or) (ur). 137 (ol) (om) (or) (ul) (um)(ur). 138 (ol) (om) (or) (ul). 139 (ol) (or) (ur).

Der Verlag dankt folgenden Fotografen für die Überlassung von Bildmaterial:

6 Photolibrary: Rod Edwards. 8 Photolibrary: Dave Porter. 9 Alamy Images: David Robertson (o). FLPA: Gary

K. Smith (m). Photolibrary: Eric Crichton (ul), Juliette Wade (ur). 10 Photolibrary: Juliette Wade. 11 Alamy Images: John Glover (or). Photolibrary: Carole Drake (mr), Andrea Jones (ur). 12 Science Photo Library: Brian Gadsby. 15 FLPA: Nigel Cattlin (ol) (om). 18 Alamy Images: Andrea Jones. 27 NHPA / Photoshot: Photo Researchers (ul). 28 FLPA: Minden Pictures/ Silvia Reiche (ur). Getty Images: Taxi/Jan Tove Johansson (um). naturepl.com: Gary K. Smith (ul). NHPA / Photoshot: Laurie Campbell (o). 29 Corbis: Jacqui Hurst (ul). Dorling Kindersley: Kim Taylor (o). 31 Alamy Images: Andrew Darrington (ur). Dorling Kindersley: Emma Callery (mlb). 32 Alamy Images: Bruce Coleman Inc (ol), Nigel Cattlin (ur). FLPA: Richard Becker (um), Malcolm Schuyl (om). 33 Photolibrary: Donald Specker (ul). 34 Ardea: John Cancalosi (o). FLPA: Nigel Cattlin (ul) (ur). 35 Corbis: Jeff Vanuga (or). FLPA: Martin B. Withers (ur). 36 Corbis: FLPA/Peter Reynolds (ol), image100 (or), Robert Harding World Imagery/Steve & Ann Toon (ur). Getty/ Images/Raimund Linke (ul). 37 Alamy Images: botanikfoto/Steffen Hauser (ur). Getty/Images/Steve & Anne Toon (o). Getty Images: DeAgostini/L. Andena (ul). 41 FLPA: Nigel Cattlin (ur). 44 Dorling Kindersley: Emma Callery (um). 52 GAP Photos: Dave Bevan (l). 53 Alamy Images: Wild Places Photography/Chris Howes (ul). Photolibrary: Michael Howes (ur). 58 Dorling Kindersley: Emma Callery (ur). 61 Ardea: Geoff du Feu (ur). FLPA: Minden/FotoNatura (o). 62 FLPA: Minden Pictures/Silvia Reiche, Roger Wilmshurst (ur), Martin B. Withers (om). Photolibrary: Barrie Watts (or). 63 FLPA: Nigel Cattlin (o) (ul). 72 FLPA: Nigel Cattlin (om). 73 FLPA: ImageBroker (or). 75 Garden World Images: T. Schilling (ol). 79 FLPA: Nigel Cattlin (ul). 81 Dorling Kindersley: Emma Callery (ol). 83 Kenneth Cox: (ul). FLPA: Nigel Cattlin (ol). 86 Dorling Kindersley: Emma Callery (or). 87 Dorling Kindersley: Emma Callery (or). 91 FLPA: Nigel Cattlin (ul). 93 FLPA: Nigel Cattlin (or). 95 FLPA: Nigel Cattlin (ur). 96 Dorling Kindersley: Emma Callery (ur). 97 Dorling Kindersley: Emma Callery (ol). 98 GardenPhotos.com: Judy White (ur). 99 FLPA: Nigel Cattlin (um) (ur).

101 FLPA: Nigel Cattlin (ul). photo Petr Kokeš, Czechia: (or). 102 FLPA: Nigel Cattlin (or). Photoshot: Photos Horticultural/Michael Warren (ur). 103 FLPA: Nigel Cattlin (or). 104 Corbis: image100 (ol). 105 FLPA: Roger Wilmshurst (um). 112 FLPA: Nigel Cattlin (ur). Garden World Images: Dave Bevan (um). 113 FLPA: Nigel Cattlin (ol). Garden World Images: MAP/Mise au Point (ur). 114 FLPA: Nigel Cattlin (or) (ul). 117 Alamy Images: Nigel Cattlin (ul). FLPA: Nigel Cattlin (or). GAP Photos: Dave Bevan (ol). Garden World Images: Dave Bevan (ur). 118 FLPA: Nigel Cattlin (ul). 119 FLPA: Nigel Cattlin (or) (ur). 120 FLPA: Nigel Cattlin (ul). 121 FLPA: Nigel Cattlin (ur). 129 FLPA: Nigel Cattlin (ul) (um). Science Photo Library: Dr Jeremy Burgess (ur). 130 Dorling Kindersley: Emma Callery (ul). FLPA: Nigel Cattlin (or) (ur). 134 Alamy Images: Nigel Cattlin (ur). FLPA: Nigel Cattlin (ol) (ul) (or). 135 Alamy Images: Mark Boulton (ur), David Chapman (ol), Carole Hewer (ur). 136 Corbis: Tim Graham (l). 139 FLPA: Nigel Cattlin (or) (um)

Umschlagfotos: Vorne und Rückseite: FLPA: Nigel Cattlin, GAP Photos: Maxine Adcock, Zara Napier.

Alle anderen Bilder: Dorling Kindersley. Weitere Informationen unter www.dkimages.dom

Dorling Kindersley Verlag bedankt sich auch bei:

Kontrolle bei der RHS: Simon Maughan Bildersuche bei der RHS: Ian Waghorn Register: Chris Bernstein